LE DESSIN POUR DÉBUTANTS

Comment dessiner et ombrer de façon réaliste

Par Jasmina Susak

Auf meiner Patreon-Seite können Sie lernen, einfacher
und schneller zu zeichnen:
https://www.patreon.com/jasminasusak

Ce livre est dédié à mes chats. Être peintre, c'est passer beaucoup de temps entre quatre murs, loin des gens. Mes chats ont été de parfaits compagnons dans mon parcours d'artiste et de professeur d'art. Je suis très reconnaissante d'avoir pu voyager avec ces petites créatures à travers l'espace et le temps à bord de ce grand vaisseau spatial rond et tournant.

Table des matières

À propos de l'auteur

Jasmina Susak est une artiste autodidacte, spécialiste du crayon graphite et du crayon de couleur, professeur d'art et auteur de plus de 17 manuels de dessin. Elle se spécialise dans la création de dessins photoréalistes d'animaux, de personnes, de super-héros et d'objets du quotidien.

Jasmina est diplômée et a travaillé comme couturière pendant plusieurs années. Maintenant, c'est une artiste freelance indépendante . C'est son travail à temps plein et elle le fait professionnellement depuis 2011.

Jasmina a des centaines de milliers d'abonnés sur les réseaux sociaux et ses vidéos de dessin ont des dizaines de millions de vues dans le monde entier.

Jasmina aime les animaux, la science, l'astronomie, la technologie, la conception de sites Web, la lecture, l'écoute de musique.

Visitez son site Web pour plus de tutoriels, sa galerie de dessins, ses reproductions artistiques et plus encore

www.jasminasusak.com

Introduction

Beaucoup de gens considèrent le dessin comme quelque chose d'inaccessible pour eux. Je voudrais vous aider à commencer à créer vos propres dessins réalistes dont vous avez toujours rêvé. Je vais vous montrer que tout le monde est capable de dessiner, seule la patience, la volonté et la pratique sont nécessaires. Si vous abandonnez au tout début, vous n'obtiendrez évidemment jamais rien!

Vos premiers dessins ne seront pas parfaits, mais ne les laissez pas vous décourager. Si vous dessinez davantage et comparez votre premier et disons, votre dixième dessin, vous verrez combien vous vous êtes amélioré et vous serez encouragé à continuer de travailler et à dépasser vos dessins précédents. Donc, le dessin n'est pas une compétence que vous pouvez acquérir du jour au lendemain, mais bien le résultat de l'expérience accumulée à travers plusieurs mois et années. Après votre premier sentiment de réussite, qui ne peut venir qu'après un travail persistant, vous serez ravis et voudrez dessiner de plus en plus. Avec le temps et la pratique, vous vous améliorerez de plus en plus.

Dans ce livre, vous apprendrez à dessiner des cheveux noirs brillants:

Créer de la profondeur et du relief:

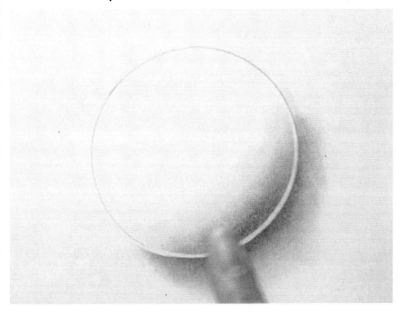

Dessiner des objets brillants:

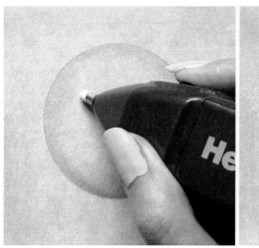 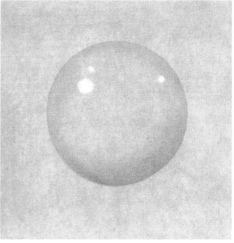

Dessiner des textures réalistes:

Dans l'image suivante, vous pouvez voir:

À gauche: ce que vous *n'apprendrez pas* dans ce livre.

À droite: ce que vous *apprendrez* dans ce livre.

Si vous êtes prêt pour ça, commençons avec ce qu'il va falloir utiliser !

Outils

Crayons

Le crayon graphite est l'outil de dessin le plus courant
et le plus populaire. Le noyau du crayon est constitué
d'un mélange de graphite et d'argile.

Marques de crayons

Il y a beaucoup de marques de crayons graphite, et comme pour beaucoup de choses, la plus chère est généralement la meilleure. Les marques les plus connues sont : Derwent Graphic, Caran d'Ache Grafwood, Koh-I-Noor Hardtmuth, Prismacolor Turquoise, Stabilo, Cretacolor Fine Art Graphite, Tombow Mono 100, Faber-Castel 9000, Staedtler Mars Lumograph et General's Kimberly.

Je préfère personnellement Koh-I-Noor Hardtmuth et j'utiliserai cette marque pour les dessins de ce livre. La poudre de graphite que je fabrique vient également des Progresso de Koh-I-Noor Hardtmuth.

La dureté du crayon

Il existe différents degrés de dûreté pour la mine. Il est important de bien choisir le crayon que vous allez utiliser.

Au bout des crayons graphite sont inscrits différents chiffres et lettres, qui indiquent la dureté. Le crayon est basé sur dugraphite fabriqué avec divers additifs ajoutés, qui en déterminent la dureté.

Une courte description de leur signification:

- H signifie "hard" (dur). Ils laissent moins de graphite sur le papier. Plus le chiffre est grand avant la lettre H, plus le crayon est dur.
- B signifie "black" (tendre). Les crayons B sont tendres. Plus le nombre est grand avant la lettre B, plus le crayon est tendre et foncé.

- F signifie "fine point" (fin). Ce crayon F, situé entre les deux duretés, est encore plutôt dur, mais laisse une trace un peu plus sombre que les crayons H.
- HB signifie "Hard & Black", c'est donc la nuance au milieu de l'échelle, ce crayon est idéal pour les tons moyens et les ombres. Il peut être facilement assombri et éclairé.

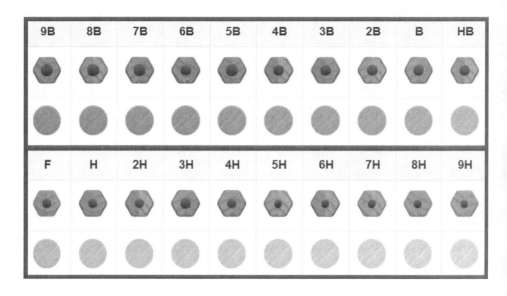

Vous pouvez obtenir des crayons de bonne qualité, non seulement par pièce, mais également dans des ensembles différents. Bien sûr, ceci n'est qu'un guide pour débuter, vous vous rendrez compte vous-même de combien de crayons vous avez besoin. Le graphite est très polyvalent. Non seulement différentes nuances sont disponibles pour une même dureté, mais un crayon d'une dureté donnée peut créer différentes nuances en appliquant une pression plus ou moins forte.

De quels crayons aurez-vous besoin pour dessiner?

Quand j'ai commencé à dessiner il y a plus de dix ans, je n'avais que deux crayons graphite: 4B et HB, et je pouvais dessiner ce tigre et bien d'autres dessins, même des visages, sans manquer du reste des nuances. Le crayon 4B était assez sombre pour les rayures noires, je n'aurais pas pu faire cette fourrure noire avec un crayon HB. J'ai utilisé du HB pour fabriquer de la poudre de graphite me permettant d'ombrer la fourrure et l'arrière-plan. J'ai utilisé une gomme pour mettre en évidence / rehausser la fourrure et les moustaches par rapport à l'arrière-plan précédemment ombré. La fourrure qui devait être blanche, je ne l'ai simplement pas touchée. J'ai également fabriqué de la poudre de graphite à partir du crayon 4B et ombré avec cette poudre plus foncée derrière le tigre pour améliorer son apparence. Vous aurez l'occasion d'apprendre à dessiner et ombrer des animaux similaires dans ce livre et j'expliquerai comment ces étapes doivent être réalisées.

Donc, vous n'avez pas besoin de beaucoup d'outils et de toutes les nuances de ces crayons.

Vous aurez besoin d'un HB pour dessiner, peut-être qu'un B serait encore mieux car il ne griffe pas le papier autant qu'un HB, mais vous devrez appuyer très légèrement pour éviter de faire des lignes trop foncées. Pour les ombres et les zones plus sombres, vous pouvez acheter un crayon très tendre pour toutes les nuances de noir: 4B ou plus, il y a assez peu de différence entre chaque nuance comme vous pouvez le voir sur l'échelle de dûreté dans l'image suivante, donc inutile de tout avoir.

9H 8H 7H 6H 5H 4H 3H 2H H F HB B 2B 3B 4B 5B 6B 7B 8B 9B

Hardest　　　→　　　Medium　　　→　　　Softest

Donc, pour commencer, il suffit que vous vous munissiez d'unun HB, B, 4B et 5H. De plus, je vous recommande d'acheter un Progresso, dont la meilleure dureté est B, je vous expliquerai plus tard pourquoi.

Remarque : Lorsque vous utilisez un crayon 5H ou plus dur, n'appuyez pas trop fort, car ces crayons sont si durs qu'ils grifferont le papier, même si vous faites très attention. Ainsi, les crayons H laissent des traces, en quelque sorte des "canaux" dans le papier, donc utilisez-les avec précaution et n'appuyez jamais trop fort là où vous voulez obtenir des surfaces lisses. Je recommande plutôt d'utiliser une estompe pour les zones plus lumineuses, ou si vous voulez utiliser un crayon quand même, choisissez un 4H, 3H ou plus tendre et appuyez légèrement, en touchant à peine le papier. De plus, essayez toujours les crayons sur une feuille de papier à part et testez-les un peu pour vous y habituer. Vous remarquerez également que les 4B ou plus sont si tendres, qu'ils sont similaires aux crayons de couleur Prismacolor Premier, qui sont très crémeux. D'une part, vous allez apprécier ces crayons, car ils sont tendres et ne grifferont pas le papier, ils dessineront en douceur, ce qui est plus agréable. Par contre, utilisez-les avec précaution, car la noirceur de ces crayons est beaucoup plus difficile à effacer.

Portemines

Si vous n'aimez pas beaucoup tailler vos crayons et tout le bazar qui va avec, et que vous voulez gagner du temps, vous pouvez utiliser un crayon mécanique, alias portemine. Une autre bonne raison pour laquelle vous pourriez préférer un portemine plutôt qu'un crayon en bois est qu'avec un portemine, vous avez une même largeur de ligne à tout instant, et vous n'avez pas à le tailler après une brève utilisation.

Je recommande surtout cet outil pour réaliser des croquis, il permet de dessiner de nombreux détails. Vous pouvez utiliser le même outil pour de nombreuses années, à moins de le casser, et vous pouvez trouver des mines de rechange de différentes largeurs et pour toutes les nuances de graphite déjà mentionnées.

Poudre de graphite

Dans ce livre, nous utiliserons beaucoup de poudre de graphite pour ombrer, car nous pourrons ainsi obtenir une texture lisse et fine, pour la peau humaine, les arrière-plans, etc., au lieu de dessiner ligne par ligne où les lignes restent visibles et le dessin est moins réaliste.

La poudre de graphite est faite du même graphite que les crayons. Vous pouvez acheter de la poudre de graphite ou vous pouvez la faire vous-même à la maison. J'ai toujours fabriqué la poudre de graphite moi-même. Pour ce faire, vous devrez tailler la mine du crayon graphite afin d'en extraire la poudre. Vous pouvez le faire avec un taille-crayon ou avec un couteau.

J'ai réalisé que la plus belle poudre de graphite que je puisse fabriquer provenait du crayon graphite <u>Progresso</u>. Quand j'utilisais un crayon graphite ordinaire pour en fabriquer, j'avais toujours les morceaux de bois dans ma poudre, peu importe à quel point je faisais attention en taillant, et cela griffait le papier lorsque j'ombrais et le résultat final n'était pas lisse, mais plein de lignes et de marques. C'est pourquoi j'ai choisi Progresso, qui est un crayon graphite sans bois, constitué uniquement du noyau de graphite. Je n'utilise jamais cet outil pour dessiner les lignes, mais seulement pour en faire de la poudre.

Mettez le Progresso dans un taille-crayon manuel et tournez-le lentement, sans le pousser trop fort à l'intérieur. De cette façon, vous obtiendrez une fine poudre de graphite. Aussi, de cette façon, vous pouvez créer selon vos besoins une poudre de graphite plus brillante à partir d'un Progresso H, ou de la poudre de graphite foncée à partir d'un4B ou plus sombre.

Si vous le poussez profondément dans le taille-crayon, vous taillerez de plus gros morceaux de graphite qui dessineront les lignes en ombrant, quand vous voudrez rendre la surface lisse sans aucune ligne. Il est donc essentiel de fabriquer de la poudre la plus fine possible. Enfin, pour vous en assurer, vous pouvez tamiser la poudre à travers un bandage en coton, même plusieurs fois, pour exclure tout grain qui serait trop gros et vous assurer que seule la poudre la plus fine est prête à être utilisée.

Nous pouvons utiliser la poudre de graphite de plusieurs manières. L'une des techniques est la technique du pinceau, que je recommande pour un artiste expérimenté. Pour les débutants, il est préférable d'utiliser un mouchoir, une compresse en coton ou un chiffon. Le pinceau nécessite plus d'expérience. Outre les mouchoirs ou les compresses en coton, qui sont efficaces pour ombrer les grandes surfaces et les arrière-plans, je recommande l'estompe déjà mentionnée pour placer la poudre précisément et ombrer les petits détails, ainsi que le coton-tige que tout le monde possède chez soi. Vous pouvez faire des ombres si vous tracez ligne par ligne, en hachurage croisé, traits parallèles et similaires en utilisant uniquement un crayon et non de la pourdre de graphite, mais votre dessin sera moins réaliste. C'est pourquoi je recommande toujours d'utiliser des techniques pour ombrer avec de la poudre de graphite et c'est ce sur quoi nous mettrons l'accent à travers les tutoriels de ce livre.

Dans l'image suivante, vous pouvez voir mon ancien dessin et constater qu'il y a très peu de zones dessinées, seulement les yeux, les dents et d'autres zones noires. J'ai fait le reste du dessin, à 99%, avec de la poudre de graphite, étalée avec un mouchoir, un coton-tige et une estompe. J'ai utilisé de la poudre de graphite H pour ombrer les vêtements blancs. Si j'avais dessiné des traits pour créer les ombres brillantes, cela semblerait moins réaliste, sans parler de la peau.

Il devrait y avoir très peu de traits durs sur les portraits. Les portraits doivent être réalisés avec des dégradés de ton, pas des traits. Mais nous allons passer en revue toutes ces "théories" en détail dans les tutoriels de ce livre.

Estompe

Une estompe est une tige en papier pressé fermement enroulé avec deux extrémités pointues.

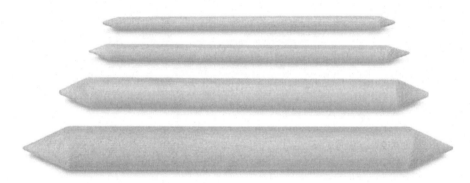

Avec cet outil, nous mélangeons ou étalons le graphite sur le papier pour créer une surface plus douce et plus lisse.

Cet outil est tellement peu cher que vous pouvez le jeter après peu d'utilisation, au lieu d'essayer de le tailler. Il est impossible d'obtenir la même pointe que lorsque vous en achetez un nouveau. Il y a beaucoup de paquets disponibles dans les magasins, contenant beaucoup d'unités pour un prix toujours abordable. Il n'y a pas de différence dans la qualité des estompes, mais seulement dans la taille, donc, la marque que vous choisissez importe peu.

Il exite un outil similaire, le tortillon, qui n'a qu'une seule extrémité pointue, alors je pense que l'estompe est un peu plus utile, mais vous pouvez essayer les deux et voir ceux avec lequel vous préférez travailler.

Gommes

Lorsque vous dessinez avec des crayons graphite, les gommes sont très importantes. Non seulement pour corriger les erreurs, mais aussi pour aider à rehausser certains éléments par rapport aux zones dessinées et ombrées. Je vous recommande de vous munir de nombreux types de gommes car elles ne coûtent pas cher et rendront votre travail plus facile et plus agréable.

La plus populaire est la gomme mie de pain. Personnellement, j'utilise rarement ce genre de gomme parce que je les trouve trop collantes. J'ai plus d'expérience avec d'autres types de gommes dont je vous parlerai dans ce chapitre. La gomme mie depain est très douce et peut être pétrie avec les doigts pour obtenir la forme désirée. Après une certaine période d'utilisation, elles deviennent trop sales car elles accumulent du graphite, et quand il devient impossible de trouver la partie claire, vous devez en acheter une nouvelle. Ça ne coûte que quelques euros, vous n'avez donc pas à salir votre dessin avec une gomme mie de pain usagée.

<u>Le porte-gomme</u> est le même outil que le portemine, avec un bouton à presser, mais à la place de la mine en graphite, vous utilisez des mines en gomme beaucoup plus épaisses que les mines en graphite. Vous pouvez même trouver des porte-gommes à formes triangulaires, qui permettent d'effacer encore plus précisément et de créer des cheveux ainsi que d'autres petits éléments nécessitant d'être rehaussés.

Lorsque le haut de la gomme devient sale, je le coupe simplement avec un couteau pour obtenir à nouveau des bords nets et pointus.

Pour effacer les grandes surfaces, la gomme plastique est un bon outil. Cette gomme peut également être coupée avec un couteau et formée de façon à obtenir des bords nets et des bouts pointus pour les détails fins. C'est la gomme que j'utilisais au tout début, et que j'ai utilisée à elle seule pendant de nombreuses années sans avoir aucune difficulté à réaliser ce que je voulais.

Je recommande également une gomme électrique que je conseille toujours pour les crayons de couleur. J'utilise une gomme électrique de chez Helix, qui est géniale.

Pour effacer les grandes surfaces, la gomme plastique

est un bon outil. Cette gomme peut également être coupée avec un couteau et formée de façon à obtenir des bords nets et des bouts pointus pour les détails fins. C'est la gomme que j'utilisais au tout début, et que j'ai utilisée à elle seule pendant de nombreuses années sans avoir aucune difficulté à réaliser ce que je voulais.

Je recommande également une gomme électrique que je conseille toujours pour les crayons de couleur. J'utilise une gomme électrique de chez Helix, qui est géniale.

Papier

Les papiers ne sont pas tous les mêmes et il est important de savoir quel type de papier nous utilisons. Différents types de feuilles de dessin sont produits pour différents types d'œuvres d'art.

Si vous utilisez du papier d'impression bon marché, votre papier va se froisser et se déchirer sous la pression des outils que vous utilisez. Les gommes déchireront le papier bon marché, particulièrement si vous effacez plusieurs fois au même endroit. Le résultat final semblera peu exigeant et médiocre, faisant perdre tout ce que vous y avez mis.

Le poids du papier

Le poids du papier est l'une des choses les plus importantes auxquelles nous devons faire attention. L'épaisseur du papier est déterminée par le poids en grammes d'un mètre carré. Le papier d'impression traditionnel pèse 80 g / m², mais, comme mentionné, il est préférable de choisir un papier plus dur pour le dessin. Nous devrions choisir un papier pesant entre 180 et 220 g / m².

Outre le poids du papier, nous devons également faire attention au type de support sur lequel nous travaillerons. Il existe différents types de papier pour différents supports:

Papier aquarelle: Ce sont les feuilles les plus épaisses car elles doivent absorber l'eau et rester droites. Leur poids est généralement compris entre 200 et 300 g / m². Les papiers à l'aquarelle lisses et pressés à chaud peuvent également être parfaits pour le dessin.

Papier pour dessins au graphite ou au fusain: il ne nécessite pas la même durabilité que le papier aquarelle, mais il doit être plus résistant que le papier d'impression habituel. Ils ont généralement un poids de 180 à 220 g / m².

Pour les crayons de couleur: Les crayons de couleur fonctionnent bien avec de nombreux types de surface des papiers, tels que le papier pour graphite, pastel ou aquarelle.

Qu'importe le papier que je recommande dans mes livres sur les crayons de couleur ou sur le graphite, je recommande toujours du papier *épais* et *lisse*. Vous n'avez pas à acheter une marque particulière, n'importe quelle sorte de papier dans votre magasin local fera l'affaire, à condition qu'il soit épais et lisse. Le papier épais peut supporter de nombreuses couches de mélange, d'effacement et de pression.

Si vous êtes à la recherche des bonnes marques de papier de qualité supérieure, je vous conseille Strathmore Bristol, Fabriano Bristol ou encore Stonehenge.

Taille de papier

Voici la liste des tailles couramment utilisées:

A1 - 594 x 841 mm - 23,4 x 33,1 pouces

A2 - 420 x 594 mm - 16,5 x 23,4 pouces

A3 - 297 x 420 mm - 11,7 x 16,5 pouces

A4 - 210 x 297 mm - 8,3 x 11,7 pouces

A5 - 148 x 210 mm - 5,8 x 8,3 pouces

Pour les dessins de ce livre, je recommande le format de papier A4. Si vous souhaitez créer un dessin plus détaillé ultérieurement, vous pouvez essayer de dessiner sur une plus grande feuille, mais pour commencer, A4 est juste la taille parfaite pour vous.

J'utilise le papier de chez Fabriano Bristol pour chaque dessin de ce livre et aussi pour mes dessins au crayon de couleur. Je ne peux donc que vivement recommander cet article.

Des outils supplémentaires que vous pourriez trouver utiles:

Rallonge-crayon

Comme notre crayon se raccourcit après utilisation et taille, l'équilibre change et il n'est plus confortable de le tenir. De plus, si vous avez acheté des crayons graphite d'une marque chère, vous voudrez les utiliser jusqu'au bout, pour ne rien jeter et gaspiller. Pour cela, vous devrez vous procurer un rallonge-crayon, qui peut également être utilisé pour les crayons de couleur, pour les nombreuses formes de crayons: hexagonal, rond, triangulaire, etc.

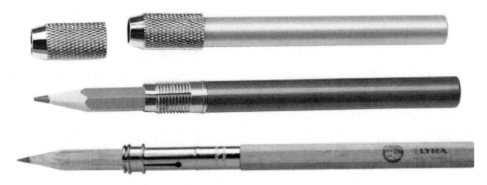

Même après avoir utilisé un rallonge-crayon, il y aura toujours une petite partie, d'environ 1 cm (0,5 pouces de long, qui tombera du rallongeur, donc pour utiliser cette petite partie, vous pouvez la coller au bout non taillé d'un nouveau crayon avec de la superglue et l'utiliser complètement.

Dans l'image suivante, vous pouvez voir un exemple de la manière dont je l'ai fait avec des crayons de couleur. Mon crayon de couleur blanche tombait du rallongeur, car il était déjà trop petit et je l'ai collé au crayon de couleur argenté, que j'utilise rarement et que je pourrais utiliser entièrement avec un crayon blanc. Si vous avez des crayons avec des gommes à une extrémité, utilisez simplement des pinces pour les enlever ainsi que la virole qui retient la gomme au bout du crayon et collez les extrémités.

Stylo blanc à encre gel

Outre tous ces outils, je recommande d'utiliser un stylo blanc à encre gel pour les petites zones en surbrillance, qui peut être facilement appliqué sur les zones dessinées et ombrées. Bien sûr, vous pouvez laisser intacte la partie du papier que vous souhaitez conserver blanche, et c'est souvent recommandé, mais lorsque vous souhaitez dessiner des moustaches de chat, par exemple, il est difficile de dessiner autour tout au long du dessin. Il est beaucoup plus facile de les dessiner à la fin du dessin par dessus le graphite. En outre, il est très utile pour dessiner les yeux, les lèvres et les choses brillantes du même genre, vous verrez cet outil en action à travers les tutoriels de ce livre et vous pourrez décider si vous voulez vous l'acheter. Cet outil est bon marché et durable.

Vous pouvez facilement créer des reflets plus brillants et plus lumineux que vous ne pourriez le faire en effaçant le graphite avec une gomme. Dans le même but, vous pouvez utiliser des marqueurs fins blancs, tels que celui de Uni Posca 0,7 mm, ou même 5 mm pour les zones plus larges.

Vous pouvez utiliser de la gouache blanche, de la peinture blanche, de la peinture acrylique blanche, du pastel blanc ou tout ce qui peut être facilement étalé sur le graphite et avoir un aspect absolument blanc.

Fixatif

La vaporisation de fixatif sur un dessin fini ajoutera une protection contre les bavures indésirables et diminuera les reflets. Le dessin absorbe le fixatif et vous permet toujours de dessiner par dessus. Ainsi, lorsque vous travaillez sur une œuvre, vous devriez commencer dans le coin supérieur gauche (si vous êtes droitier) et, au fur et à mesure que vous terminez la zone, vaporisez-la avec du fixatif et dessinez la zone juste en dessous. Cela protégera la zone finie de la poussière et de la saleté pendant votre travail sur le reste du dessin. J'utilise toujours le fixatif à l'extérieur ou j'ouvre les fenêtres car son odeur est très forte et malsaine à inhaler.

Une autre raison de mettre du fixatif sur les dessins est que la réflectivité du graphite foncé diminue. Le graphite a un attribut réfléchissant fort. Pour cette raison, vous pouvez envisager de choisir le fixatif mat plutôt que le fixatif brillant.

Tutoriels de dessin:

Comment dessiner une balle en 3D

Commençons par s'entraîner à travailler les ombres sur une balle toute simple.

La première étape consiste à créer un cercle parfait, qu'il convient de faire avec un compas. Tracez le cercle quelque part au milieu de votre feuille de papier.

La prochaine chose à faire est de donner à cette balle une forme ronde avec une ombre propre. Tracez un cercle de la même taille sur un autre morceau de papier et découpez-le de manière à pouvoir le placer sur la zone environnante, comme indiqué sur l'image suivante. Ici, nous devons déterminer la source de lumière, qui vient généralement d'en haut.

Placez le papier découpé un peu plus loin du bord pour éviter d'ombrer la zone de la lumière réfléchie. Jetez un coup d'œil à la photo de l'étape suivante pour voir comment j'ai laissé cette zone intacte.

Prenez un peu de poudre de graphite avec votre doigt ou un morceau de coton et faites une transition progressive, ou dégradé, en appuyant plus fort au bord inférieur de la balle et en relâchant la pression quand vous vous dirigez vers le centre de la balle jusqu'à atteindre la nuance la plus claire.

Lorsque vous retirerez le papier découpé, vous obtiendrez un dégradé et la zone environnante restera propre. Vous pouvez maintenant voir la zone intacte de la lumière réfléchie que j'ai mentionnée à l'étape précédente. Cependant, cette zone ne doit pas rester blanche, mais pour le moment, nous devons simplement éviter qu'elle devienne aussi sombre que la partie la plus sombre de l'ombre propre.

Maintenant, vous pouvez ombrer légèrement la surface de la lumière réfléchie en utilisant une estompe. Essayez simplement de la rendre un peu plus sombre que la zone blanche de l'arrière-plan et évitez de trop ombrer.

Ici, vous pouvez voir comment j'ai dessiné l'ombre portée un peu plus loin de la balle, et nous avons obtenu une balle qui rebondit ou qui flotte. Cette ombre portée doit être la plus sombre au centre et essayez de la faire disparaître progressivement dans la blancheur du papier en relâchant la pression lorsque vous ombrez vers l'extérieur.

Si la source de lumière est forte, l'ombre portée aura des bords plus nets. Ici vous pouvez ce que le travail des ombres nous permet d'accomplir. Ici, j'ai effacé la zone environnante la plus brillante autour de l'ombre portée pour obtenir des bords nets et elle semble déjà avoir été causée par la lumière directe du soleil. Essayez de jouer avec cette ombre portée, par exemple essayez de la placer à droite ou à gauche sous la balle, mais faites attention à l'ombre propre. Si elle se trouve dans la zone inférieure droite, l'ombre portée doit être placée sous la balle au centre ou à droite.

Plus la balle rebondit au-dessus de la surface, plus l'ombre portée sera petite et claire.

Maintenant, nous pouvons faire comme si la balle était posée sur une surface. Effacez simplement l'ombre portée précédemment ajoutée ou créez une nouvelle balle comme vous l'avez fait dans les deux premières étapes.

Ici, nous devons créer le même dégradé parfait qu'à l'intérieur de la balle avec l'ombre propre, mais cette fois, placez le morceau de papier découpé sur la balle, y compris la zone de la lumière réfléchie. Appuyez très fort au bord de la balle puis de moins en moins lorsque vous ombrez vers l'extérieur de la balle. C'est une bonne chose de placer le morceau de papier sur votre balle, car vous pourrez ainsi appuyer très fort dessus pour créer la nuance la plus sombre au bord de la balle.

Lorsque vous retirez le papier découpé, ombrez un peu sur la lumière réfléchie. Cette zone doit rester aussi claire que possible, mais pas complètement blanche non plus, alors donnez-lui un peu d'ombre.

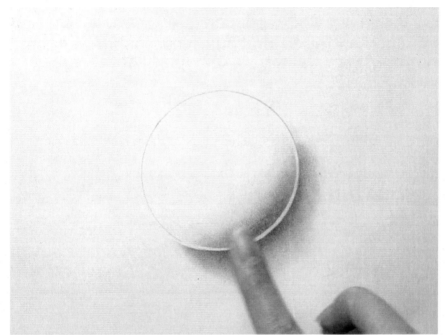

Dans l'image suivante, vous pouvez voir à quoi ça ressemble. Si vous n'êtes pas satisfait de votre résultat, faites une nouvelle balle et vous verrez où vous vous êtes trompé et ce qu'il faut améliorer.

En utilisant cette technique, avec un peu d'entraînement et de pratique, vous pourrez utiliser de la poudre de graphite pour dessiner et créer des nuances et des tons réalistes dans vos dessins. Continuez à vous entraîner!

Comment dessiner des gouttes d'eau

Commencez par créer des cercles quelconques sur votre papier, petits et grands, autant que vous le souhaitez; vous pouvez en dessiner un seul pour commencer si vous le souhaitez. Dans l'image suivante, vous pouvez voir les cercles que j'ai dessinés et scannés. Utilisez du HB pour ça et n'appuyez pas trop fort. N'utilisez pas de tons plus foncés que HB, car les lignes de contour sombres et fortes ne rendent pas bien autour de la matière transparente.

La prochaine étape est la plus difficile et la plus cruciale. Vous pouvez dessiner cette étape au crayon, mais je vous conseille d'utiliser de la poudre de graphite car le rendu des gouttes sera plus lisse en effectuant le dégradé avec de la poudre. Ici, nous devons utiliser la technique du dégradé, pour obtenir une transition progressive ou un ton dégradé entre les nuances de gris. C'est une technique de dessin qui peut être utilisée pour créer des zones plus larges et uniformes et pour donner une impression d'espace et de forme. C'est une compétence très utile à développer pour les dessins au crayon graphite ainsi que ceux au crayon de couleur.

Comme mentionné dans le chapitre "Outils", créez le graphite à partir de votre crayon HB ou plus tendre ou à partir de votre Progresso. Les degrés plus clairs ne donneront pas suffisamment de profondeur aux tons les plus sombres, mais je ne recommande pas les tons les plus sombres pour ces gouttes. Il y aura juste à assombrir les bords dans une des étapes suivantes.

Mais pour l'instant, ombrons les gouttes pour qu'elles apparaissent comme étant rondes. Commencez par ombrer les bords qui doivent être plus foncés et éclaircissez lentement le ton en travaillant vers le centre de la goutte. J'utilise une compresse en coton pour appliquer la poudre de graphite. Je découpe toujours un morceau de papier et je le place sur la zone extérieure de l'objet que je veux ombrer, de façon à ce que la zone tout autour ne soit pas touchée par la poudre et que je puisse appuyer plus fort sur le bord. Vous verrez ce que je veux dire dans l'image suivante. Il est assez fastidieux de découper autant de papier, mais l'effort en vaut la peine et vous aurez moins à effacer autour des gouttes. Sans parler du dégradé qui sera impeccable. J'utiliserai cette astuce dans de nombreux tutoriels au cours du livre, alors je vous recommande de faire la même chose.

Tout en travaillant vers le centre des gouttes, relâchez progressivement la pression jusqu'à ce que vous ne puissiez plus voir la poudre sur le papier.Répétez alors patiemment ce processus tout autour de la goutte. Faites la même chose avec le reste des gouttes, si vous en avez dessiné plus d'une.

Maintenant, vous pouvez utiliser une estompe ou un crayon clair 2B ou plus doux pour ajuster les zones irrégulières et essayer de garder les changements de tons aussi doux que possible jusqu'à ce que vous obteniez la variété et l'intensité de ton que vous désirez. Aussi, renforcez les bords avec l'estompe, en la plongeant dans la poudre plus foncée, obtenue à partir de crayons 2B ou B, ou utilisez ces crayons, mais ne créez pas des bords trop foncés, assurez-vous juste qu'ils soient plus foncés que la zone intérieure voisine du bord. Mélangez ces tons pour créer un dégradé entre eux. Cette étape nécessite beaucoup de temps et de patience.

La deuxième façon d'ombrer ces zones est de dessiner au lieu d'appliquer de la poudre de graphite. Il s'agit d'utiliser les nuances les unes à côté des autres, comme c'est le cas pour les nuances de graphite. Ayez toujours le tableau de l'image suivante à côté de vous pour voir quelle nuance choisir après en avoir utilisé une.

9H 8H 7H 6H 5H 4H 3H 2H H F HB B 2B 3B 4B 5B 6B 7B 8B 9B

Hardest   →   Medium   →   Softest

Commencez à dessiner une fine ligne tout autour le long du bord avec du HB, appuyez plus fort lorsque vous dessinez sur les bords et relâchez la pression lorsque vous dessinez les zones intérieures. Ensuite, continuez à dessiner avec la nuance la plus claire après

HB, c'est-à-dire F. Vous pouvez également sauter le crayon F (ou si vous ne l'avez pas) et utiliser du H. C'est pour ça que vous devriez appuyer légèrement lorsque vous avez terminé d'ombrer avec un ton, de sorte que le ton plus clair du crayon suivant ait la même valeur, et que la séparation entre les crayons soit invisible. De cette façon, vous obtiendrez un dégradé parfait.

Pour finir, mélangez tout les tons du dégradés avec une estompe, un coton-tige, un mouchoir ou tout autre outil que vous souhaitez utiliser.

J'ai créé plus de gouttes, vous pouvez voir dans l'image suivante ce qu'elles donnent après avoir travaillé les ombres. Après avoir ombré avec la poudre de graphite, nous devons effacer les zones autour des gouttes car, peu importe à quel point on fait attention en ombrant, et même en plaçant le morceau de papier sur les zones à protéger, il y aura toujours de la poudre éparpillée. Donc, utilisez le bord saillant de la gomme pour nettoyer et éliminer la poudre non désirée.

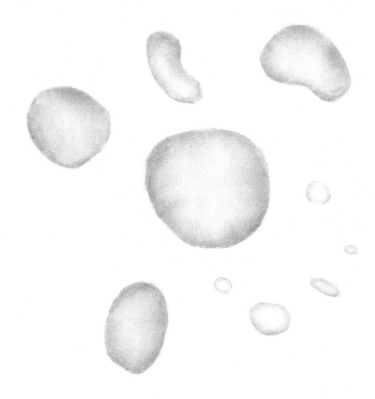

Si nous voulons que ces gouttes sortent du papier et soient plus réalistes, nous devons créer les ombres portées. Déterminez d'abord la source de lumière. Ma source de lumière se trouve dans le coin supérieur gauche du papier, donc mon ombre portée sera placée sous les gouttes, dans le coin inférieur droit du papier. Vous pouvez créer ces ombres en plaçant le morceau de papier découpé sur la goutte (comme dans le cas de la balle en 3D) et en ombrant avec de la poudre et un mouchoir, en relâchant la pression au fur et à mesure que vous ombrez vers l'extérieur. Vous pouvez aussi la dessiner en utilisant un crayon un peu plus foncé, comme B ou 2B, à côté de la goutte. J'ai choisi de dessiner l'ombre portée. Taillez souvent votre crayon pour obtenir une belle bordure nette entre la goutte et l'ombre portée.

Source de
lumière

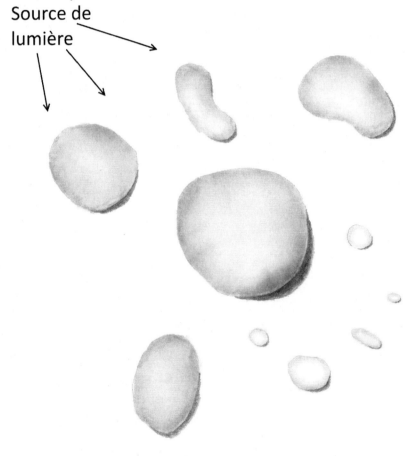

Continuez avec des nuances plus vives, HB et plus doux. Mélanger la bordure de l'ombre avec l'estompe et faites-la disparaître progressivement dans l'arrière-plan. N'oubliez pas quelques règles: plus la goutte est importante, plus son ombre portée sera grande et sombre, l'ombre étant la plus épaisse en son centre. Analysez l'image suivante avant de commencer à ombrer. Il est préférable de dessiner plus de gouttes, au lieu d'une seule, pour pouvoir vous entraîner. Si l'ombre portée d'une goutte ne rend pas bien, vous pouvez réessayer sur une autre goutte et vous entraîner à ombrer. Comme mentionné, la technique du dégradé est très importante à maîtriser, car vous allez devoir l'utiliser dans presque tous les dessins.

Jusqu'à maintenant, mes gouttes ne ressemblent en rien à de l'eau et on pourrait même les prendre pour du gravier ou quelque chose de semblable. Ce dont nous avons besoin ici pour rendre ces gouttes humides et brillantes sont des zones en surbrillance, ou «rehauts», correspondant aux tons soumis à la lumière la plus directe.

Si vous avez déterminé votre source de lumière dans le coin supérieur gauche - comme je l'ai fait -, vos gouttes s'illumineront dans les zones supérieures gauche. Ici, il va falloir travailler à la gomme. Ces rehauts peuvent être ronds, écliptiques, voire carrés, faites-les à votre guise. Encore une fois, si vous avez dessiné plus de gouttes, essayez d'appliquer différentes formes de rehauts (comme citées ci-dessus et plus) afin de voir laquelle vous semble être la meilleure. Pour les rendre encore plus brillants, vous pouvez créer des rayons de lumière sortant du centre des rehauts en utilisant le bord le plus saillant de la gomme ou avec le bout de la gomme mie de pain. Placez le bout propre de la gomme au milieu du rehaut et, avec un mouvement rapide, allez vers l'extérieur en relâchant la pression à la fin.

Vous pouvez créer ces rehauts avec les outils que j'ai mentionnés dans le chapitre "Outils", le stylo blanc à encre gel ou, si vous souhaitez appliquer facilement les plus gros points, vous pouvez utiliser un marqueur blanc Uni Posca, qui le rendra encore plus brillant. Rappelez-vous qu'une fois ombré le papier ne sera plus jamais d'un blanc absolu. Vous pouvez également faire plus de rehauts sur une seule goutte, comme je l'ai fait avec ma plus grosse goutte.

Comment dessiner un verre à vin

Au début, dessinez une forme ovale verticalement. La forme que vous dessinez devrait ressembler à un œuf. Pour la rendre symétrique, observez la forme ovale dans le miroir. Si elle semble symétrique dans le miroir, alors vous avez une forme ovale parfaitement symétrique.

Tracez ensuite une ligne verticale en partant du centre de l'ovale, traversant le bas de l'ovale, continuant en-dessous, comme indiqué dans l'image suivante. Cette ligne sera le centre de la tige. Si vous ne savez pas où se trouve le centre de l'ovale, mesurez la largeur de l'ovale et divisez-la en deux. Par exemple, si l'ovale mesure 2 pouces (5 centimètres) de large, placez la ligne après 1 pouce (2,5 centimètres) mesurant à partir du côté gauche ou droit de l'ovale. Si c'est plus facile pour vous, tracez d'abord la ligne verticale, puis dessinez les formes arrondies de l'ovale de part et d'autre de la ligne.

Dans l'image suivante, vous pouvez voir comment la ligne verticale que j'ai placée au milieu divise l'ovale en deux parties égales. C'est la base de notre verre réaliste symétrique.

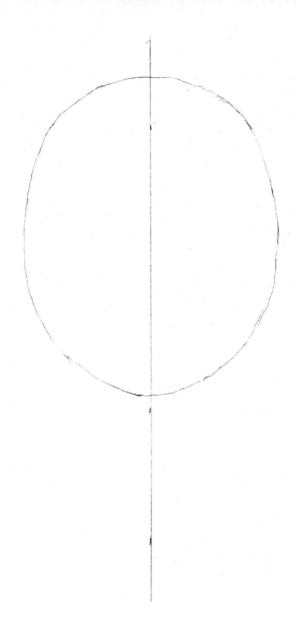

Concentrons-nous sur la partie supérieure, sur le calice pour l'instant, afin de ne pas laisser de traces sur la tige et le socle pendant que nous dessinons le calice. Dans la partie supérieure de l'ovale, dessinez l'ellipse qui représentera les bords. Cette ellipse ne doit pas nécessairement être au même endroit que la mienne. Vous pouvez la placer où vous voulez, le but est de la rendre également symétrique et de s'en assurer grâce à un miroir. Effacer le contour de l'ovale au-dessus des bords. Ici, vous pouvez également déterminer la quantité de vin que vous voulez dessiner en ajoutant une ligne horizontale quelque part au milieu du calice - comme la mienne - ou où vous voulez.

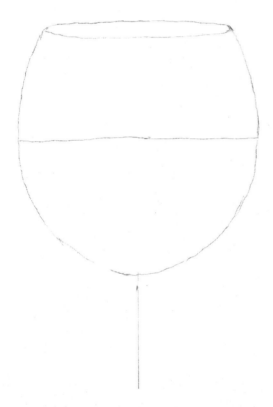

Vous pouvez maintenant commencer à ombrer. Comme mentionné à plusieurs reprises, il est préférable de découper un morceau de papier ayant la forme de l'arrière-plan autour du verre et de le placer sur la zone tout autour. Prenez un peu de poudre de graphite avec un chiffon ou une compresse en coton et étalez-la délicatement sur les côtés gauche et droit du calice, ainsi que sur le rebord. Appuyez plus fort pour ombrer les bords et relâchez la pression pour que les ombres disparaissent progressivement en allant vers le centre du calice.

Maintenant, en utilisant un crayon B, renforcez les bordures supérieures à gauche et à droite du bol, dans la zone sous les bords ne contenant pas de vin.

Effacez tout autour des bords avec la pointe d'une gomme. De cette façon, vous obtiendrez les rehauts des bords. Renforcez les bordures autour de ce rehaut en utilisant un crayon HB et estompez le tout avec l'estompe.

Utilisez maintenant la gomme pour dessiner les rehauts sur les zone gauche et droite de la partie supérieure du calice. Les reflets de la lumière devraientt être carrés ou rectangulaires sur le verre, seuls les objets ronds, comme une balle, un oeil, etc. ont généralement des rehauts circulaires. J'ai utilisé une gomme électrique pour éliminer complètement le graphite. Il a été facile d'obtenir des rehauts complètement blancs car j'ai gommé sur les parties ombrées. En gommant les parties dessinées, il y aurait eu des traits résiduels et le papier ne serait plus totalement blanc.

Maintenant que nous avons terminé la partie supérieure du calice, qui ne contient pas de vin, nous pouvons commencer à dessiner la zone où il y en aura. Vous pouvez choisir de dessiner du vin rouge - comme moi - ou du vin blanc, mais vous allez devoir utiliser des nuances beaucoup plus claires pour le vin blanc. Quoi qu'il en soit, les nuances devraient varier de la même façon si vous choisissez du vin blanc. Tout d'abord, dessinez au milieu du verre, zone qui n'est affectée par la lumière d'aucun côté. Utilisez du 6B ou plus sombre, j'ai utilisé du 8B pour le faire. Appuyez fort et passez plusieurs fois pour remplir la surface du papier et éliminer les points blancs encore visibles de la texture du papier. Jetez un coup d'oeil à l'image suivante pour voir la forme que j'ai créée et essayez de faire la même chose. Elle ne doit pas forcément ressembler à la mienne. Si vous voulez dessiner un verre contenant du vin blanc, utilisez du 4H pour cette zone.

Maintenant, en utilisant un crayon B, dessinez les bordures extérieures de la partie inférieure du calice, comme indiqué sur l'image suivante.

Vous pouvez dessiner la ligne plus épaisse ou plus fine à certains endroits. Elle ne devrait pas avoir la même épaisseur partout car cela ne semblerait pas naturel.

Remplissez la zone sous la partie la plus sombre au milieu en utilisant du HB et faites un dégradé entre cette zone et le bas, en utilisant une estompe ou un crayon B, en appuyant légèrement sur la zone dessinée avec le HB et en appuyant plus fort quand vous ombrez vers le bas. Analysez l'image suivante avant de commencer à ombrer.

Maintenant, vous pouvez remplir la zone sur le côté droit en utilisant du 2H et une estompe pour lisser le tout.

Ici aussi, il est important de créer un dégradé entre les tons. Les tons dépendront toujours des tons qui les entourent. Par exemple, si le verre contenant du vin est placé sur une table blanche, la partie inférieure du calice aura des tons plus clairs en raison du reflet de la table. S'il est placé sur une table noire, il aura à peine un ton plus clair; et serait presque entièrement noir.

Sur le côté gauche, vous pouvez ombrer de façon plus claire ou plus foncée que sur le côté droit.

Vous pouvez également ajouter différents rehauts pour le rendre plus naturel car les reflets, les rehauts et les ombres sont rarement les mêmes des deux côtés d'un verre ou d'une bouteille.

Si vous êtes satisfait du calice, vous pouvez passer à la tige.

La tige ne doit pas avoir de tons foncés au milieu, ni de traits. La meilleure option consiste, encore une fois, à venir placer un morceau de papier sur la zone tout autour et à ombrer le bord de la tige, comme indiqué dans l'image suivante. De cette façon, vous pourrez appuyer plus fort sur le bord et réaliser le dégradé, qui est très important lorsque vous dessinez un objet arrondi comme celui-ci.

Lorsque vous retirerez le papier protecteur, la tige devrait ressembler à celle de l'image suivante, qui a déjà l'air de la partie arrondie en verre de la tige. Tout trait serait inutile et changerait le rendu en quelque chose de complètement différent et moins réaliste.

Maintenant, il ne reste plus rien à faire, si ce n'est de reproduire la même chose du côté gauche de la tige. Ombrez le bord de la même manière, après avoir placé le morceau de papier découpé sur la zone autour. Nous avons ici réalisé la plus grande partie de la tige au milieu. Vous pouvez maintenant effacer votre ligne verticale si celle-ci est trop visible et si vous n'en avez plus besoin pour vous repérer. Vous pouvez juste laisser la partie inférieure de la ligne pour que vous puissiez l'avoir lorsque vous allez dessiner le pied.

Maintenant, nous pouvons créer l'ombre sous le calice, dans la partie supérieure de la tige. Ici, vous pouvez utiliser un crayon B ou plus foncé (j'ai utilisé du 4B) car le vin de couleur noire doit refléter à travers la partie supérieure de la tige qui est un peu plus large et plus ronde que la partie la plus longue de la tige. En utilisant une estompe, estompez la petite zone au-dessus de cette ombre foncée que vous venez de créer. Appuyez plus fort en travaillant près du calice pour réduire le brusque écart entre les nuances. Ici, vous pouvez prendre de la poudre de graphite avec le bout de l'estompe et l'appliquer directement sous le calice.

Au bout de la ligne verticale (elle devrait être encore là si tout va bien), dessinez une ellipse horizontale aplatie pour le pied du verre sous la tige. Ici, n'utilisez pas de nuances ou de crayons foncés, mais préférez l'estompe. Créez une forme symétrique et ovale en faisant tout le tour avec l'estompe. Ombrez au hasard dans l'ovale pour obtenir plus d'ombres dans le milieu du pied. Regardez l'image suivante pour voir comment j'ai ombré.

En dernier lieu, ajoutez des ombres plus prononcées au pied, car le calice rempli de vin de couleur noire devrait causer un peu plus de reflets. Vous pouvez en ajouter de manière aléatoire où vous voulez, en utilisant du B ou plus doux, et les estomper en utilisant l'estompe. Comme toujours, pensez à vérifier la symétrie dans un miroir.

Comment dessiner un pygargue à tête blanche

Beaucoup de gens me demandent comment je dessine des animaux blancs sur du papier blanc. Il semble logique que vous puissiez dessiner des animaux noirs ou gris sur du papier blanc, mais que faites-vous quand l'animal est blanc comme neige? Eh bien, je réponds toujours : alors je dessine l'arrière-plan et l'animal reste blanc. Je dessine souvent aussi des animaux à la fourrure plus claire sur du papier gris, et je vous suggère d'essayer la même chose après vous être entraîné un peu avec les tutoriels de ce livre, mais dans ce cas, vous devriez utiliser un crayon graphite blanc, un crayon fusain blanc ou un crayon de couleur blanc, ce qui est beaucoup plus difficile.

Dans ce tutoriel, je veux que vous dessiniez un pygargue à tête blanche avec moi. Dans ce cas, les plumes de la tête sont d'un blanc absolu, nous allons donc tracer le contour de l'animal avant de commencer à ombrer et à dessiner autre chose.

Commençons par déterminer la forme de la tête du rapace. Je veux me concentrer sur sa tête et sur la partie supérieure de son thorax, donc on ne dessinera pas son corps entier cette fois-ci. À l'aide d'un crayon HB, tracez le contour correspondant à la forme de la tête, semblable à ce que j'ai fait, comme montré dans l'image suivante. Il n'est pas nécessaire que ce soit identique, juste à peu près quelque chose comme ça.

J'ai aussi déterminé la séparation entre les plumes blanches de sa tête et le plumage noir de son thorax. La zone blanche de la tête est juste un peu plus longue que large.

Dans l'étape suivante, ombrez l'arrière-plan avec de la poudre de graphite et du coton, vous pouvez également le dessiner avec un crayon B ou plus tendre si vous le souhaitez. La texture de l'arrière-plan ne doit pas nécessairement être lisse. Je trouve juste plus facile et plus rapide d'ombrer l'arrière-plan que de le dessiner.

Vous pouvez essayer les deux pour de voir quelle méthode vous plait le plus et laquelle fonctionne le mieux pour vous. Vous pouvez voir à quoi ressemble mon arrière-plan dans l'image suivante et comment la forme du rapace apparaît maintenant que l'arrière-plan est ajouté. J'ai placé un morceau de papier découpé sur la tête du rapace pour éviter de le tacher de graphite. De cette façon, j'ai obtenu une bordure nette entre le rapace et l'arrière-plan. Je recommande du B ou un crayon plus foncé ou de la poudre de graphite pour le fond.

Maintenant, il est temps de créer les plumes de la tête. Puisque le bec d'un pygargue à tête blanche est la partie la plus captivante de sa tête, commençons par déterminer sa position.

Dans l'image suivante, vous pouvez voir comment j'ai divisé sa tête en deux zones verticales avec la ligne "D", de façon à pouvoir placer le bec dans la moitié gauche. Aussi, j'ai divisé sa tête en trois parties horizontales égales avec deux lignes "A", pour que je puisse placer le bec au tiers du milieu. Ici, vous devez également déterminer la zone supérieure de la fameuse cire.

J'ai ombré le bord supérieur du bec dans un premier temps. Ici aussi, j'ai découpé un morceau de papier que j'ai placé sur la partie gauche de sa tête et j'ai ombré la petite bordure du bec.

Ombrez ce bord en dégradé pour donner une forme arrrondie au bec. Comme toujours, vous pouvez créer un dégradé en relâchant la pression quand vous vous écartez de la partie la plus foncée de l'ombre.

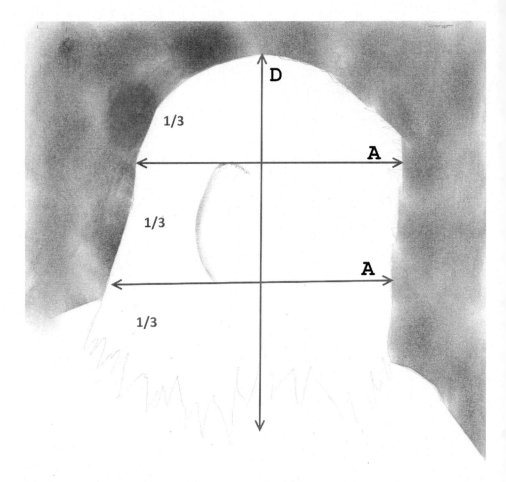

Maintenant, vous pouvez dessiner la narine et les "lèvres" du côté visible. Vous pouvez voir dans l'image suivante où j'ai placé ces éléments.

Tracez également le contour de la partie inférieure du bec. Ici, il est important de déterminer la position des principaux éléments du bec de façon à ce qu'il ne reste plus que les ombres à faire.

Placez le morceau de papier découpé sous le bec et ombrez de la même manière que vous avez ombré le bec supérieur.

Ce bec inférieur devrait être beaucoup plus sombre car il reçoit moins de lumière. Appuyez fort sur le bord inférieur du bec et appuyez doucement au milieu du bec.

Maintenant, vous pouvez commencer à dessiner les yeux. Avant de placer les principaux éléments des yeux, tels que les pupilles et les paupières noires, créez deux arcs au-dessus des yeux, qui représentent la zone ombrée au dessus des yeux.

Ces éléments sont très spécifiques au pygargue à tête blanche et il est très important de les placer au bon endroit pour que ce type d'oiseau soit reconnaissable. J'ai créé ces deux arcs avec une estompe.

Vous vous rappelez des lignes D et A que nous avons tracées dans l'une des étapes précédentes ? Utilisez ces lignes à nouveau pour vous aider à placer les pupilles. Dessinez les pupilles sur la ligne supérieure A et dessinez la paupière noire autour des pupilles à votre guise. La pupille du côté gauche ne devrait pas être ronde, mais une ellipse horizontale.

Utilisez du 4B ou un crayon plus foncé pour les pupilles et la paupière autour des yeux. Ne dessinez pas la paupière supérieure car elle est toujours complètement recouverte par les plumes blanches sur le front. Vous pouvez dessiner le contour de ces éléments avec du

HB ou plus tendre en appuyant doucement afin de pouvoir les effacer facilement si vous souhaitez changer quelque chose. Du 4B ou plus foncé ne peut pas être totalement effacé une fois inscrit fortement sur le papier. Si vous êtes satisfait de la position des pupilles et des paupières, passez simplement par-dessus avec du 4B ou plus foncé.

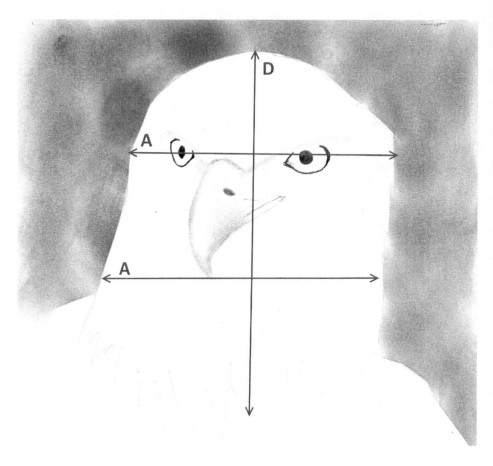

Maintenant, vous pouvez commencer à faire les zones sombres du plumage blanc qui correspondent à l'ombre portée par les plumes blanches du front au-dessus des yeux. Utilisez du HB pour ces parties ombrées et remplissez-les complètement comme indiqué dans l'image suivante. Essayez de faire des petits traits dans la même direction lorsque vous faites de l'ombre. Ça fera comme des petites plumes.

Utilisez un crayon B pour créer une ombre plus forte directement sous la plume du front, qui se trouve entre les coins intérieurs des yeux et du bec. Cela ajoutera encore plus de profondeur à ces zones et rendra le rapace plus vivant. N'ayez pas peur d'utiliser des crayons foncés, vous pouvez toujours les effacer autant que possible ou commencer un nouveau dessin. Mais la profondeur et le réalisme que vous pouvez créer avec des crayons plus foncés valent la peine d'essayer et d'expérimenter.

Maintenant, vous pouvez finir la partie supérieure de la tête.

En utilisant une estompe, ombrez légèrement les plumes du front. De cette façon, vous allez obtenir un plumage blanc illuminé, qui doit être entièrement blanc avec qulques nuances claires qui devraient être créées surtout au-dessus des yeux. Aussi, floutez la bordure entre le rapace et l'arrière-plan en répartissant le graphite de l'arrière-plan vers le plumage blanc. N'appuyez pas fort, mais plutôt doucement.

Regardez l'image suivante pour voir comment j'ai ombré ces zones.

Si vous êtes satisfait de la partie supérieure de la tête, vous pouvez passer à la zone située sous le bec. La première étape consiste à créer l'ombre portée par le bec. Utilisez du 2H pour marquer cette zone sous le bec. Vous pouvez voir dans l'image suivante où j'ai déterminé la position de l'ombre portée. L'ombre portée dépend bien évidemment toujours de la direction de la source de lumière. Dans notre cas, nous pouvons imaginer qu'il n'y a pas de lumière directe venant du soleil, sinon nous devrions créer une bordure nette entre le plumage blanc illuminé et ombré. Comme nous ne l'avons pas fait lorsque nous avons créé les ombres autour des yeux, nous ne devrions pas le faire sous le bec non plus. Comme dans le cas de la balle qui rebondit dans le premier tutoriel, vous pouvez gommer les zones plus claires de la partie extérieure de l'ombre pour obtenir une ombre portée par la lumière directe du soleil. En expérimentant comme ça, vous pouvez apprendre beaucoup de choses.

Après ça, ombrez la plus grande zone tout autour et par-dessus l'ombre portée créée à l'étape précédente, en utilisant une compresse en coton ou un mouchoir. Le but est de rendre cette zone plus sombre que la moitié supérieure de la tête, mais suffisamment lumineuse pour qu'elle ressemble à des plumes blanches ombrées.

Maintenant, vous pouvez créer les rehauts sur la zone ombrée avec une gomme.

Maintenant, il ne reste que le plumage noir. En utilisant du 6B ou plus foncé, remplissez toute la zone sous le contour du plumage blanc. Vous pouvez voir dans l'image suivante comment j'ai dessiné cette zone autour du plumage blanc qui vient par dessus les plumes noires. Cette étape est assez facile, même si vous dépassez un peu le contour du plumage blanc, il restera beau.

Pour finir, estompez la bordure entre le noir et le blanc en utilisant une estompe. Cela rendra le plumage blanc plus doux. Placez la pointe de l'estompe sur la zone noire et dessinez dans la zone blanche, entre les plumes blanches. De cette façon, vous ramasserez un peu de graphite et flouterez les bords du plumage blanc.

Comment dessiner la texture du bois

Dessinons une texture de bois simple. Dans un premier temps, ombrez le papier en entier avec de la poudre de graphite et des mouchoirs. Ici, vous n'avez pas besoin de rendre le papier absolument lisse, il peut même y avoir un peu de «saleté» ou des traits accidentels sur le papier. L'important est de faire des mouvements horizontaux lorsque vous ombrez, si vous voulez faire des planches horizontales; et verticalement si vous voulez faire des planches verticales. J'ai choisi un petit papier A5 pour celui-ci, du coup ce genre d'opération n'a pris que quelques secondes. J'ai utilisé de la poudre de crayon HB parce que je ne voulais pas qu'il soit trop sombre.

Maintenant, déterminez la position des planches en traçant les espaces entre elles. Utilisez une règle si nécessaire et un crayon HB ou F pour ces espaces. Ils ne doivent pas être dessinés avec du 2B ou plus foncé, car ces espaces ne sont généralement pas assez profonds pour être aussi foncés. Vous pouvez en faire un plus mince que l'autre - comme moi - pour plus de réalisme.

Il est maintenant temps d'ajouter des motifs qui peuvent se trouver n'importe où sur la texture du bois.

Vous pouvez aller voir quelques images sur Internet ou regarder autour de vous si vous avez du parquet ou des meubles en bois, si vous n'êtes pas sûr de la manière dont les motifs peuvent apparaître et comment les fabriquer. Dans l'image suivante, vous pouvez voir où j'ai ajouté quelques motifs à l'aide d'un crayon HB. Ces motifs - comme toute autre chose sur cette texture - ne devraient pas être dessinés avec du 2B ou plus foncé.

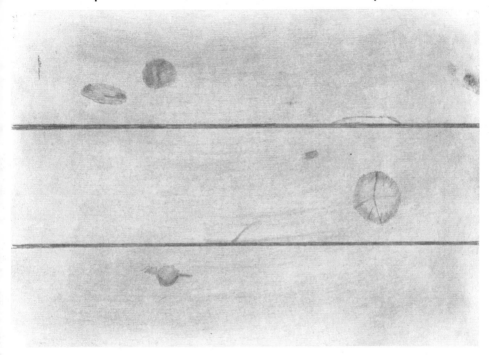

Maintenant, nous pouvons créer les rehauts en gommant la poudre de graphite. Pour ce faire, j'ai utilisé un porte-gomme, mais tout autre type de gomme fera l'affaire, même une gomme mie de pain modelée. Recherchez également des motifs quelque part, et examinez aussi l'image suivante avant de commencer à gommer. Vos motifs ne doivent pas nécessairement être identiques aux miens, essayez simplement de les faire apparaître naturellement. C'est pourquoi il est bon d'aller voir quelques images pour voir à quoi ils peuvent ressembler, et à quoi ils ne doivent pas ressembler. J'ai commencé sur le côté gauche de la feuille et j'ai continuellement déplacé la gomme sur le graphite jusqu'au bord droit. Aussi, en gommant d'autres parties à l'intérieur des motifs, continuez de pousser la gomme sans la soulever pour obtenir les lignes ininterrompues qui rendront le bois réaliste.

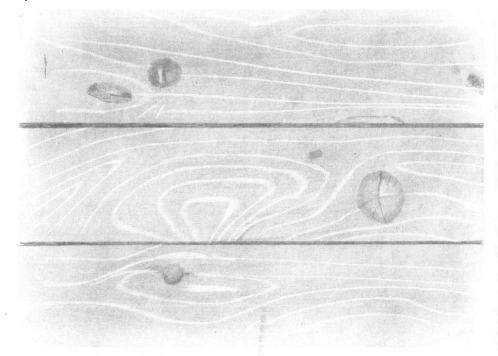

Maintenant, vous pouvez commencer à ombrer autour de ces rehauts. Le mieux est de faire un dégradé en partant de l'un des côtés des rehauts et en relâchant la pression lorsque vous ombrez en direction d'un rehaut adjacent.

Dans l'image suivante, vous pouvez voir comment j'ai ombré autour des lignes claires verticales, en travaillant ligne par ligne, en commençant à côté du rehaut, en appuyant plus fort et en relâchant la pression quelque part au milieu des deux rehauts.

En ombrant autour des motifs clairs horizontaux, créez également un dégradé, en appuyant plus fort au-dessus ou au-dessous de la ligne.

J'ai commencé au-dessus de la ligne, mais vous pouvez aussi commencer dessous, ça n'a pas vraiment d'importance; l'important est de choisir le même sens de dégradé pour toutes les zones entre les rehauts. Donc, si vous avez commencé par appuyer plus fort au-dessus de la ligne, faites la même chose partout. Relâchez simplement la pression quelque part au milieu des les lignes claires.

Estompez ces ombres dessinées avec une estompe si vous le souhaitez. Si la texture a l'air rêche et pas homogène, ça ne pose pas de problème, car la texture du bois peut avoir une apparence différente, avec des motifs à la fois nets et flous. Ajoutez quelques traits courts et points au hasard partout sur la feuille, en utilisant à la fois un crayon et une gomme, pour rendre le résultat encore plus réaliste.

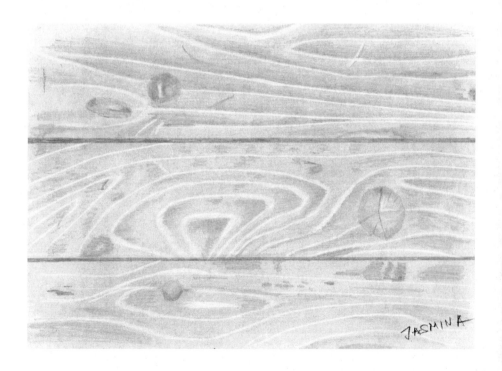

Comment dessiner une bille en verre

Dessinons maintenant une bille transparente.

Pour ce dessin, je recommanderais du papier gris et du graphite blanc, mais ils nécessitent plus d'expérience et de compétences. Pour les débutants, il sera préférable d'ombrer la feuille entière de la même manière que dans la première étape du tutorial précédent et d'obtenir un fond gris de cette façon-là. Un fond gris aide à améliorer les rehauts et à les rendre plus voyants.

Ainsi, dans un premier temps, comme dans le tutorial précédent, ombrez toute la feuille en utilisant la poudre de graphite fabriquée à partir du crayon HB. Vous pouvez le faire en effectuant des mouvements horizontaux, verticaux, diagonaux et circulaires, jusqu'à ce que vous ayez atteint la texture lisse, qui ne doit pas nécessairement être parfaitement lisse, mais aussi lisse que possible.

À l'aide du compas, créez un cercle au milieu de la feuille.

En conservant le même écartement du compas, faites un cercle de la même taille sur un morceau de papier séparé et découpez-le. Placez ce papier sur le cercle dessiné sur votre feuille ombrée de manière à ce que seule la zone interne du cercle soit accessible. Ombrez les bords de la bille - comme indiqué dans l'image suivante - en appuyant fortement sur le bord, et en relâchant la pression lorsque vous ombrez vers le centre du cercle. Cette bille peut avoir des bords plus ou moins sombres, vous n'avez donc pas à faire la même ombre tout autour. Seuls le tiers extérieur doit être ombré et les deux tiers intérieurs peuvent rester tels quels, ayant juste le ton initial de la feuille ombrée.

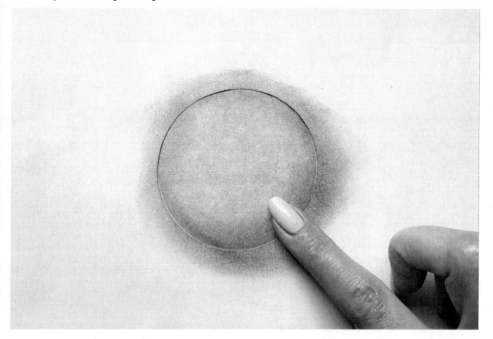

Lorsque vous soulevez le papier, le fond devrait être intact et les ombres au bord de la bille devraient être dégradées, comme vous pouvez le voir dans l'image suivante.

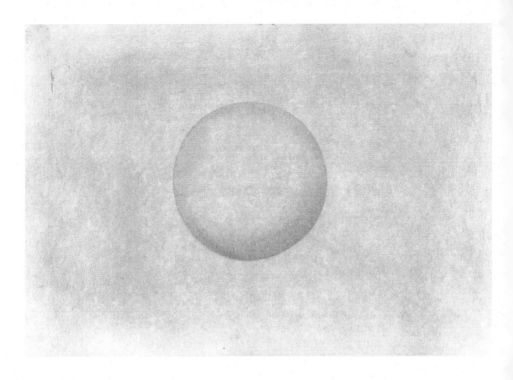

Nous devons imaginer d'où vient notre source lumineuse. J'ai décidé de faire ma bille en verre comme si la source lumineuse la frappait depuis la partie supérieure gauche de la feuille.

Maintenant, nous pouvons la faire ressembler à du verre en ajoutant des rehauts. Si vous avez une gomme électrique, placez-la simplement sur le point souhaité et allumez-la. Elle éliminera le graphite et vous obtiendrez un point parfaitement blanc. Vous pouvez gommer avec tout type de gomme et, si ça n'est pas assez blanc, coloriez-le avec un marqueur blanc ou un stylo blanc à encre gel.

En plus de ce gros point, vous pouvez ajouter des points de façon aléatoire à l'endroit où vous le souhaitez, ils devraient cependant être dans la partie supérieure de la bille.

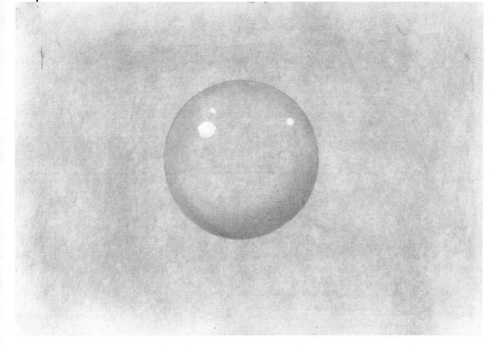

Créez maintenant l'ombre la plus forte, qui est causée par le bord de la bille et ne transmet pas de lumière. Utilisez du 4B pour ça. Regardez l'image suivante pour voir où j'ai tracé l'ombre portée. Puisque la source de lumière provient du coin supérieur gauche, l'ombre portée sera dans la zone inférieure droite, commençant directement sous la bille. Appuyez fort lorsque vous dessinez l'ombre sous la bille.

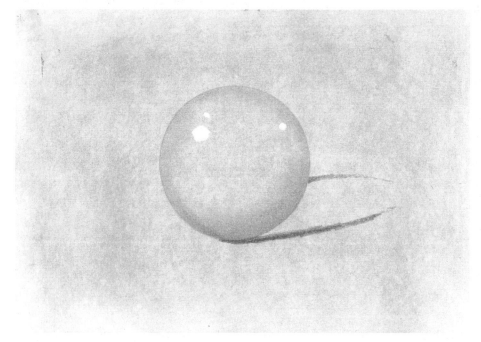

Maintenant, continuez avec du B dans la zone intérieure de l'ombre, vers le centre de celle-ci, et essayez de rendre le dégradé entre les tons aussi parfait que possible. Passez un peu sur les zones précédemment dessinées pour rendre la bordure qui les sépare invisible. Ça rendra le dégradé plus facile à faire. Il est important de le rendre plus clair lorsque vous ombrez vers le centre de l'ombre portée, car la bille transmet plus de lumière dans sa zone intérieure. La lumière est à son maximum au centre de la bille. Donc, en gardant ça à l'esprit, nous devons créer l'ombre en dégradé.

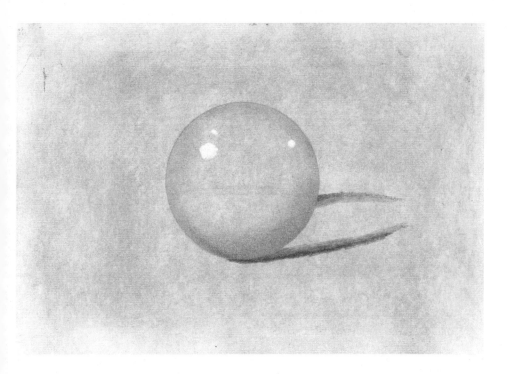

Continuez maintenant à ombrer la zone intérieure de l'ombre en utilisant du HB, à mi-chemin entre le bord et le centre de l'ombre.

Utilisez l'estompe pour mélanger tous ces tons de l'ombre portée et essayez de la rendre aussi floue que possible, à l'exception du bord extérieur de la bille; il devrait rester suffisament clair et net.

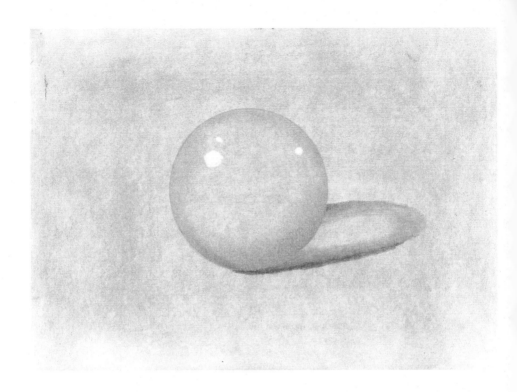

Maintenant, en utilisant une gomme électrique, effacez la zone au milieu de l'ombre portée - comme illustré dans l'image suivante - en commençant près du bord de la bille et en allant au bord de la partie précédemment ombrée, ce que nous avons fait avec du HB.

Là aussi, si vous avez une autre gomme qui ne peut pas éliminer complètement le graphite, ou autant que la gomme électrique, coloriez la zone avec un marqueur blanc, de la gouache blanche, du pastel blanc, du fusain blanc ou même du graphite blanc. Tout ce qui est blanc et facilement applicable sur le graphite fera l'affaire. Maintenant, on a l'impression que le faisceau de lumière percute la table à travers la bille en verre.

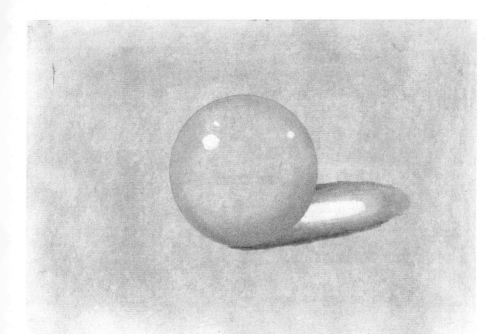

Estompez la bordure entre cette zone blanche et le graphite autour avec l'estompe.

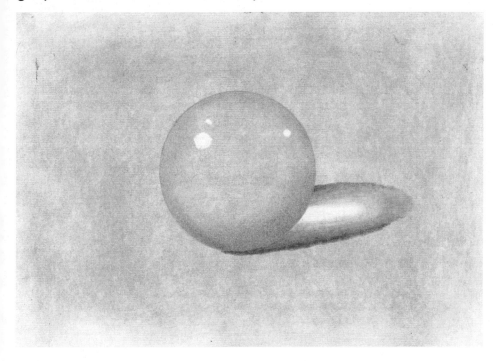

Vous pouvez passer un peu sur la partie intérieure du rehaut. Peut-être que vous le rendrez un peu plus petit, mais la bordure entre ces deux valeurs deviendra floue et semblera plus naturelle.

Gommez les rehauts sur le bord inférieur de la bille, à côté de l'ombre et d'autres zones le long du bord, de manière aléatoire, ou alors vous pouvez gommer tout autour de la bille.

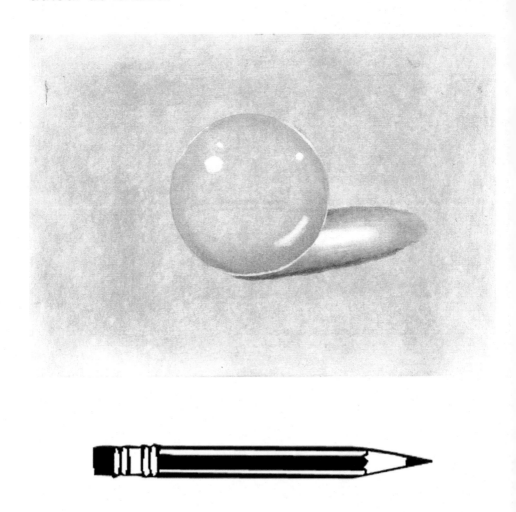

Comment dessiner un poisson

Dessinez la forme typique d'un poisson. Ici, vous ne pouvez pas échouer car il existe des milliers de types de poissons différents dont la forme varie. Vous pouvez créer la même forme, ou quelque chose de semblable à la mienne dans l'image suivante. Pour l'instant, le contour principal et la ligne entre la tête et le reste du corps sont suffisants.

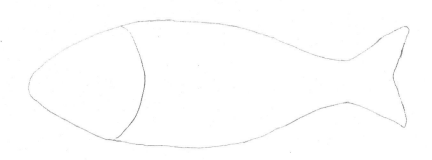

Maintenant, découpez un morceau de papier de la même forme que la partie supérieure du poisson et placez-le sur le fond pour le recouvrir complètement. Utilisez du coton ou un mouchoir et appliquez de la poudre de graphite tout au long du bord en appuyant fortement. Le bord devrait être très foncé. Faites de légers mouvements circulaires lorsque vous avez épuisé le graphite de vos mouchoirs et ombrez vers le bas. Regardez l'image suivante pour voir le dégradé que j'ai créé de cette façon.

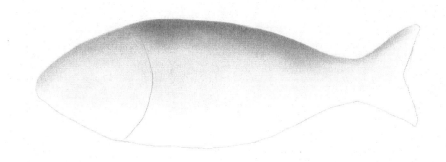

Maintenant, faites de même avec la partie inférieure du poisson, mais cette fois, appliquez beaucoup moins de graphite car, comme nous le savons, le ventre du poisson est presque blanc et le dos est généralement très sombre. C'est encore mieux si vous utilisez de la poudre de graphite à partir de 2H ou plus clair car de cette façon vous ne pouvez pas le rendre trop sombre. Ce ventre blanc se trouve dans l'ombre, c'est pourquoi il faut aussi l'ombrer. De cette façon, vous obtiendrez la forme arrondie du poisson et les ombres de base seront faites.

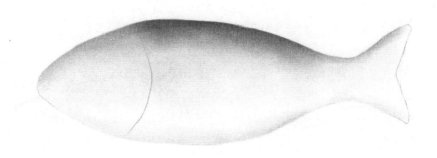

Maintenant, vous devez décider quelle taille vous voulez pour les écailles. Dans l'image suivante, vous pouvez voir les 4 parties de la préparation et du début de la création des écailles. Ici aussi, vous devrez découper la morceau d'une écaille à partir du papier, quelque chose qui ressemble à ce que j'ai fait dans l'image 1. J'ai découpé un grand moule et un plus petit. Plus les écailles se trouvent près de la tête, plus elles sont grosses car, comme vous le savez peut-être, plus les écailles sont éloignées de la tête, plus elles sont petites. Ainsi, le moule le plus petit sera utilisé pour les écailles proches de la queue. Mais commençons d'abord par s'occuper des écailles près de la ligne des branchies.

Vous pouvez voir sur l'image 2 que j'ai placé le morceau de papier découpé de façon à ce que la zone correspondant à la première écaille soit laissée pour les ombres. Appuyez fermement sur le morceau de papier découpé car vous créerez ainsi des écailles avec une bordure plus foncée et obtiendrez un dégradé. Sur l'image 3, vous pouvez voir que j'ai placé le bord de l'écaille découpée au bord de celle précédemment ombrée et que je les ai faites une par une en en plaçant autant que possible sur toute la largeur du poisson. Dans l'image 4, vous pouvez voir comment j'ai commencé à créer la deuxième rangée et placé l'extrémité de la forme d'écaille découpée par dessus les écailles précédemment ombrées de la première rangée.

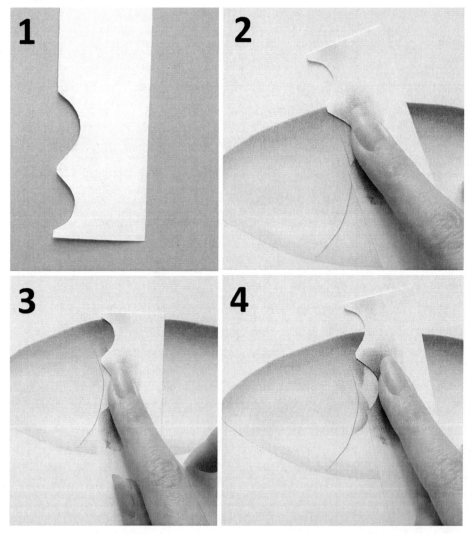

En s'y prenant cette façon, rangée par rangée, écaille par écaille, ombrez le reste des écailles et quelque part au milieu commencez à utiliser le plus petit morceau de papier.

Voilà ce que donne toute la zone écaillée mon poisson. J'espère que vous avez pu créer quelque chose dans le même genre, ajoutons maintenant quelques rehauts sur les écailles.

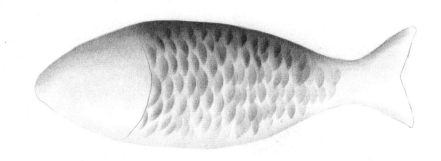

À l'aide de la pointe d'une gomme, effacez légèrement les bordures entre les écailles pour les rendre brillantes. Ça se verra d'autant plus sur le ton foncé le long du dos du poisson.

Nous pouvons désormais dessiner et ombrer les éléments relatifs à la tête. Pour créer les yeux, dessinez un petit cercle quelque part au milieu, plus près du côté gauche et remplissez-le avec du 4B ou plus foncé. Laissez un tout petit point intact pour le reflet de la lumière, de façon à faire briller l'œil.

Faites un plus grand cercle tout autour, comme celui que vous pouvez voir dans l'image suivante et ombrez un peu tout autour, particulièrement en dessous avec l'estompe pour faire ressortir l'œil. Pour créer la bouche, tracez simplement une ligne légèrement incurvée vers le bas et ombrez un peu plus loin avec l'estompe, tout autour de la ligne pour faire les lèvres.

Créer quelques grandes écailles avec l'estompe. Vous pouvez voir leur position dans l'image suivante, mais vous pouvez les faire à d'autres endroits, différemment ou les omettre si vous le souhaitez.

Aussi, vous pouvez ajouter encore plus de détails si vous trouvez ceux-ci insuffisants.

Si vous êtes satisfait du corps de votre poisson et que vous ne voulez rien ajouter de plus, vous pouvez dessiner les nageoires. Les nageoires peuvent également se trouver sur de nombreuses parties du poisson, mais dessinons-les à leur place habituelle. Dessinez une longue nageoire le long du dos du poisson, comme indiqué dans l'image suivante. Puis dessinez deux petites nageoires sous le ventre du poisson. Leur forme peut être différente, comme elles le sont dans mon dessin. Enfin, dessinez la nageoire pectorale par dessus les écailles ombrées du poisson, dans la zone inférieure juste à côté de la tête et des branchies. Notez ces contours dans l'image suivante et créez-les sur votre dessin.

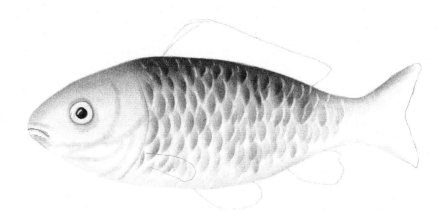

Pour ombrer les nageoires, utilisez un crayon HB et faites des rayures sur chaque nageoire, à l'exception de la nageoire pectorale, en laissant des espaces de même largeur entre les rayures, comme vous pouvez le voir sur l'image suivante. Il est important de dessiner ces rayures dans le sens de croissance des nageoires, partant du corps du poisson et allant jusqu'au bout des nageoires. Maintenant, vous pouvez ombrer la queue de la même manière. Inspirez-vous des images suivantes pour la position et les motifs.

Après en avoir terminé avec les rayures, en utilisant l'estompe, estompez les zones des nageoires entières, en passant sur les rayures précédemment dessinées et aussi les espaces.

Appuyez fort jusqu'à ce que la bordure entre les rayures et les zones blanches soit floue et invisible. Vous pouvez ombrer les zones plus claires davantage si vous voulez ou gommer certaines zones pour les rehauts.

Enfin, la nageoire pectorale doit être ombrée de manière uniforme, pas trop foncée, mais il faut la rendre beaucoup plus sombre que le ton du ventre. Utilisez du HB pour ça et estompez avec l'estompe.

Maintenant, vous pouvez ajouter une ombre portée sous la nageoire pectorale pour la faire ressortir du poisson, en particulier son extrémité. Utilisez du 2H ou une estompe et ombrez la petite zone située en dessous, comme indiqué dans l'image suivante.

Comment dessiner un ours en peluche

Après avoir autant travaillé les ombres avec de la poudre de graphite, faisons un dessin exclusivement en dessinant.

Pour dessiner un ours en peluche, nous avons besoin de quelques cercles, ellipses et de quelques autres contours. Commencez avec une plus grande ellipse pour la poitrine et le ventre, et faites un plus petit cercle au-dessus, pour la tête.

Ces cercles peuvent avoir n'importe quelle taille ou forme, il n'est pas nécessaire de respecter strictement les lignes de mon croquis. Vous pouvez voir dans l'image suivante que le cercle de la tête de mon ours en peluche n'est pas un cercle parfait, mais un peu plus large dans sa partie supérieure.

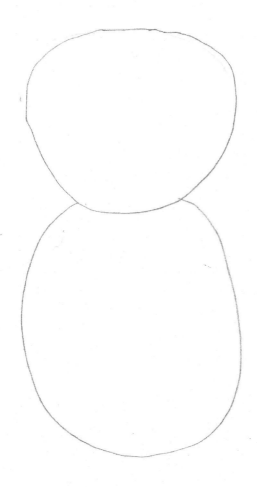

Ajoutez maintenant les bras comme deux ellipses attachées au torse de l'ours. Aussi, faites des petits traits pour les jambes, les zones supérieures et inférieures des jambes attachées au ventre, à gauche et à droite. Ces zones ne doivent pas nécessairement être symétriques, dessinez-les comme vous le sentez.

Ajoutez deux ellipses au bout des petits traits précédemment dessinés, afin que l'ours en peluche ait l'air d'être assis. Ajoutez également deux arcs de cercle sur les côtés gauche et droit de la partie supérieure de la tête pour former les oreilles. Regardez l'image suivante pour voir ces contours avant de commencer à dessiner.

Enfin, dessinez le museau et les yeux. Pour le museau, dessinez simplement un cercle, deux fois plus petit que celui de la tête entière, et faites-le "coller" au bas de celui-ci, comme indiqué sur l'image suivante. Dessinez le nez au milieu de ce cercle, c'est juste un petit cercle avec deux traits parallèles, commençant au bas du nez et se terminant au bas du museau / tête. Aussi, dessinez deux cercles pour les yeux, au-dessus du cercle du museau, à gauche et à droite. Laissez un espace d'environ deux de ces cercles entre eux. Bien sûr, ces dimensions peuvent varier, vous n'avez pas à placer les éléments aux mêmes endroits que moi.

Commençons par les parties les plus sombres. Utilisez du 4B ou un crayon plus foncé et remplissez les cercles des yeux, en laissant intacte une toute petite zone qui représentera le reflet de la lumière. Ces yeux sont principalement fabriqués en plastique ou en verre et ils sont généralement brillants. Donc, ces petits points blancs feront briller les yeux. Si vous avez rempli le cercle entier avec du 4B ou le plus sombre, vous ne pourrez pas l'effacer pour le rendre à nouveau blanc, mais ici vous pouvez utiliser des marqueurs blancs ou un stylo blanc à encre gel, de la gouache blanche, peu importe. Remplissez la zone du nez et le petit espace vertical sous le nez en utilisant du 4B ou plus sombre. Pour le nez, il est préférable de faire un rehaut un peu plus large, rendant le nez légèrement arrondi. Analysez attentivement l'image suivante avant de commencer à dessiner.

Maintenant, nous pouvons commencer à créer les zones les plus sombres, qui ne sont pratiquement pas éclairées. Utilisez du B ou un crayon plus foncé pour ces zones. Ces zones sont dans des endroits que la lumière ne touche que très peu ou pas du tout. Faites des mouvements circulaires sur tout le dessin afin d'obtenir la texture du tissu peluche.

Faites des petits et grands cercles qui se superposent. Changez constamment la pression pour rendre le tout moins uniforme, parce que cette texture ne devrait pas être lisse, mais pleine de petites ombres portées et de petits rehauts.

Jetez un coup d'œil à l'image suivante et entraînez-vous à ombrer de cette manière sur une feuille de papier séparée avant de l'appliquer à votre dessin.

Pour créer ce type de texture, vous devriez plutôt choisir une pointe émoussée plutôt qu'une pointe pointue pour votre crayon. La pointe émoussée rendra la texture cotonneuse et vous pourrez couvrir de plus grandes surfaces et progresser plus rapidement. Dans l'image suivante, vous pouvez voir où j'ai décidé de faire les parties ombrées. Ce sont les zones qui reçoivent moins de lumière

L'étape suivante consiste à créer le ton moyen du tissu peluche qui recouvre les ours en peluche. Ces textiles sont généralement marrons, donc du HB pour le ton moyen fera très bien l'affaire. Le ton moyen est en fait le ton de base qui n'est pas affecté par la lumière mais qui ne se trouve pas dans l'ombre non plus. Du HB convient bien car il est plus clair que du B, ce qui est nécessaire pour nous permettre de faire un dégradé entre les ombres foncées et les tons moyens. Le HB est également parfait pour ces zones, car lorsque vous appuyez plus fort, ce crayon est capable de créer des tons assez foncés, mais pas trop foncés. En appuyant doucement, on obtient des tons très clairs, qui sont excellents lors de la création de la texture du textile du nounours à côté des rehauts.

Ici encore faites des mouvements circulaires et utilisez la pointe émoussée du crayon HB. Regardez l'image suivante pour voir quelles zones j'ai rempli lors de cette étape. Lorsque vous vous approchez des zones sombres précédemment dessinées, passez un peu dessus ou utilisez le crayon B de nouveau si nécessaire pour faire un dégradé entre ces tons.

Maintenant, vous pouvez remplir le reste de l'ours - sauf le museau - en utilisant du 2H ou du 3H. Ici aussi, utilisez des mouvements circulaires et une pointe émoussée pour votre crayon. Appuyez légèrement lorsque vous dessinez les bords et appuyez plus fort lorsque vous dessinez à côté des zones dessinées avec du HB.

Le museau des ours en peluche est généralement en velours ou en peluche, nous pouvons donc utiliser une estompe pour l'ombrer, qui ne devrait pas être trop sombre car il reçoit beaucoup de lumière de tous les côtés. Prenez un peu de poudre de graphite avec la pointe de l'estompe et appliquez-la au milieu de la partie inférieure du museau, autour de la fente noire. À l'aide de l'estompe, formez l'ombre portée de l'ours en peluche pour le rendre plus réaliste et en trois dimensions.

Maintenant, vous pouvez remplir le reste du museau en

utilisant une estompe. Appuyez doucement et utilisez également des mouvements circulaires. Passez un peu sur les parties foncées déjà ombrées au milieu du museau. Ici, vous pouvez assombrir certaines zones et gommer pour les rehauts si nécessaire.

Comment dessiner une fleur

Je veux que vous dessiniez avec moi une simple pâquerette.

Commencez par créer deux cercles: un au milieu qui représentera la partie avec le pollen et le pédoncule, et un cercle tout autour, loin du petit, que nous utiliserons pour dessiner des pétales.

Vous pouvez utiliser le compas pour ces cercles, mais il est préférable de les dessiner à main levée car la fleur peut sembler fausse et moins réaliste si les cercles sont parfaitement ronds.

Dans l'image suivante, vous pouvez voir les deux cercles que j'ai créés lors de la première étape et la distance qui les sépare. Ça devrait avoir la forme d'un d'un beignet. Donc, essayez de faire des cercles similaires en utilisant du HB ou des nuances plus vives. N'appuyez pas trop fort lorsque vous dessinez le cercle extérieur car vous devrez l'effacer à la fin et il ne devra pas être visible du tout. Vous en avez juste besoin pour vous repérer.

La zone au milieu doit sembler hérissée, donc elle doit être tout sauf lisse. Nous avons ici l'avantage de pouvoir conserver les points blancs ennuyeux dont nous voulons généralement nous débarrasser lorsque nous cherchons à dessiner des textures lisses. Utilisez un crayon HB et remplissez ce petit cercle en entier en faisant des mouvements circulaires. Appuyez légèrement au milieu car cette zone sera un peu rehaussée.

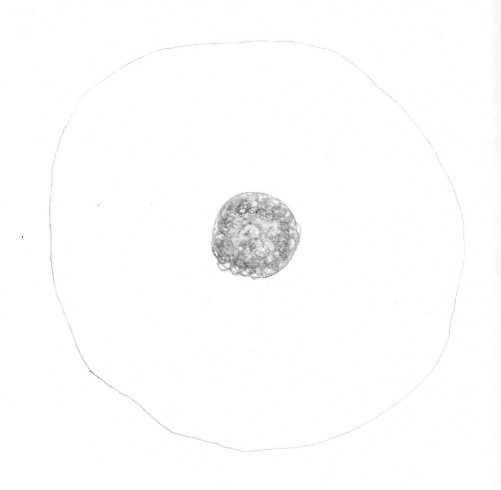

Pour donner à cette zone une forme légèrement arrondie, assombrissez les bords tout autour avec un crayon B.

Comme toujours quand un dégradé est nécessaire, appuyez fortement au bord et relâchez la pression en allant vers le centre. C'est à peu près tout ce qui doit être fait au niveau de la zone du milieu.

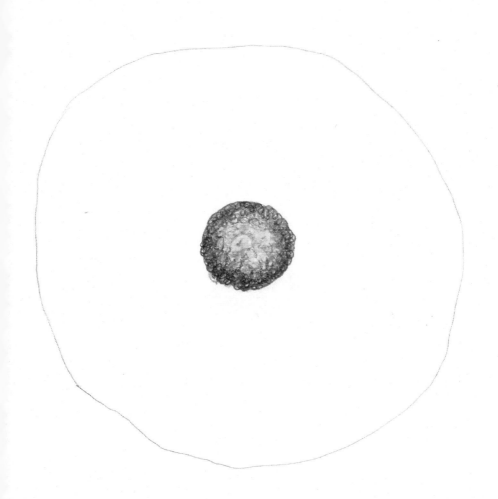

Il est maintenant temps de dessiner les pétales qui occuperont la plupart du temps passé sur ce dessin. Commencez à dessiner une ligne à partir du petit cercle et allant jusqu'à la ligne extérieure de façon légèrement incurvée. Il faut faire comme un arc de cercle puis revenir au petit cercle. La largeur des pétales au niveau de la zone du milieu devrait être deux fois moins large que la zone la plus large du pétale afin que tous les pétales soient répartis équitablement. Essayez de faire une ligne continue sans vous arrêter; pour y parvenir, il faut la tracer très lentement. Examinez l'image suivante pour comprendre ce que je veux dire.

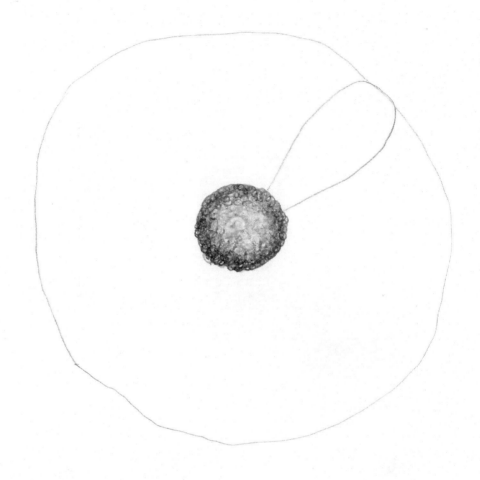

Dessinez maintenant le reste des pétales tout autour. Ils ne devraient pas être tous les mêmes. Certains d'entre eux devraient être plus larges que d'autres, et comme le cercle extérieur n'est pas un cercle parfait, et que certaines parties sont plus éloignées du centre que d'autres, les pétales ne feront pas tous la même longueur. C'est bien parce que ça rendra la fleur plus vivante. Comme mentionné précédemment, évitez de rendre toutes les zones identiques, sinon l'objet dessiné aura l'air fade et moins naturel. Dans l'image suivante, vous pouvez voir comment certains pétales sont collés et certains ont un petit espace qui les sépare. Aussi, certains pétales devraient se superposer. Dessinez ces pétales au hasard tout autour et ne faites pas attention aux pétales précédemment dessinés.

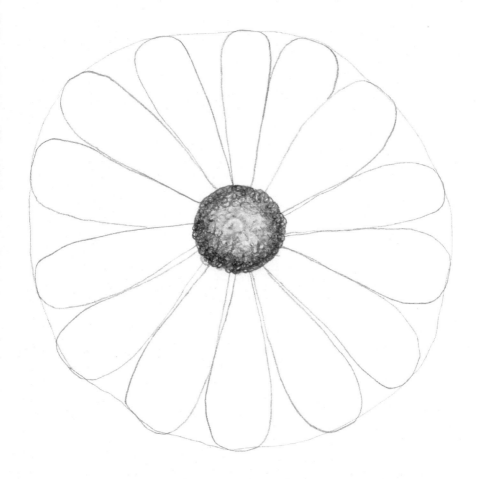

Vous pouvez maintenant effacer la ligne extérieure qui servait de guide puisque vous n'en aurez plus besoin.

Dans cette étape, vous allez dessiner les pétales du dessous. Le bout de ces pétales devrait être dessiné plus loin que la ligne extérieure qui nous servait à nous repérer. Les pétales du dessous apparaissent plus longs car ils ne peuvent pas être pliés autant que les pétales au dessus car la pression de ces derniers ne leur permet pas de se plier. Nous devons garder ça à l'esprit et dessiner des pétales en respectant les lois physiques. C'est pourquoi le bout des pétales du dessous devrait dépasser le cercle extérieur initial. Dans l'image suivante, vous pouvez voir comment j'ai ajouté ces pétales. Dessinez-les différemment au hasard. Certains plus larges que d'autres, certains se chevauchant, certains plus longs que les autres...

Marquez les zones entre les pétales en utilisant du 2B pour les séparer et créer les ombres les plus profondes parmi les pétales. De cette façon, vous préciserez la forme de certains pétales. Faites-le avec soin car un crayon si foncé ne peut pas être complètement effacé. Tracez des lignes plus longues et plus courtes parmi les pétales au hasard.

Dans le cas de cette fleur, nous devons créer un dégradé sur les pétales. Il existe plusieurs façons de réaliser ce dégradé de tons. La manière la plus simple consiste à modifier la pression exercée sur votre crayon. Utilisez un crayon HB, commencez par les parties intérieures et dessinez vers l'extérieur, vers le centre du pétale / rehaut, en faisant des traits au crayon les uns à côté des autres dans la même direction pour colorer uniformément le papier, en appuyant fortement puis en relâchant progressivement la pression en travaillant vers le milieu (du pétale). Vous pouvez voir cette étape représentée dans l'image suivante.

Faites la même chose avec le reste des pétales. Ou sinon, vous pouvez ombrer la zone entière en douceur avec la valeur la plus claire, puis ajouter plus de couches où il devrait y avoir plus d'ombre et estomper avec l'estompe ou gommer la zone rehaussée si elle doit être plus lumineuse. Vous pouvez les confondre uniformément ou laisser une bordure nette entre les zones; cela dépend de ce que vous dessinez. Dans le cas de ces pétales, le dégradé devrait être aussi parfait que possible.

Maintenant, faites de même avec le haut des pétales du dessus. Commencez au bout, en appuyant fort et relâchez la pression sur le crayon en dessinant les traits vers le rehaut / milieu du pétale. Examinez l'image suivante pour voir où appliquer les traits. remarquez comme le pétale à l'extrémité ombrée semble plié et rehaussé, en ayant juste utilisé un seul crayon et appliqué une pression différente.

Faites la même chose avec le reste des pétales et aussi avec les pétales du dessous. C'est une étape qui prend du temps, mais après l'avoir fait, presque tout le dessin est terminé. Vous pouvez constater ici à quel point le dégradé est important dans chaque dessin. C'est pourquoi il est bon de beaucoup s'y entraîner à travers ces tutoriels.

Ici vous pouvez voir comme les pétales semblent brillants, ce qui n'est pas bon car - comme vous le savez peut-être - cette fleur a une texture mate au niveau des pétales. Pour que les pétales aient un aspect mat, tout en gardant les rehauts au milieu, nous devons utiliser l'estompe, en appuyant légèrement au milieu du rehaut et en appuyant plus fort au bord des pétales et au bout du ton dégradé. Mais commençons d'abord par estomper les pétales du dessous. Ici, vous devez rendre la bordure entre les rehauts et le bout des pétales invisible. Assombrissez les rehauts des pétales du dessous en utilisant une estompe, tout en les rendant beaucoup plus clairs que les bords des pétales du dessus. Faites le tour de la fleur et faites la même chose avec le reste des pétales du dessous. Ils ne devraient désormais plus avoir l'air brillants.

Faites la même chose avec les pétales du dessus. Faites 2 ou 3 traits en longueur avec une estompe au milieu des pétales, comme indiqué dans l'image suivante. Appuyez fortement avec l'estompe lorsque vous créez ces motifs et appuyez doucement lorsque vous les ombrez. Le but est de couvrir toute la couleur blanche du papier, tout en laissant les rehauts assez clairs. Ici, vous pouvez assombrir certaines ombres si nécessaire.

Comment dessiner un "W" en 3D anamorphique

Faisons quelque chose d'un peu différent et que beaucoup de gens trouvent intéressant et veulent savoir faire eux-mêmes.

À l'aide d'un crayon graphite HB, dessinez une lettre dans le coin supérieur droit de la feuille. Pour l'instant, vous pouvez choisir la lettre "W" comme moi, et après avoir essayé celle-ci et compris comment ça marche, vous pourrez essayer d'autres lettres et chiffres, ou même des objets. Remarquez, dans l'image suivante, la position de ma lettre. Vous n'avez pas besoin de dessiner exactement la même lettre ou de façon proportionnelle. Elle peut être plus fine ou plus épaisse, pas forcément identique à la mienne.

Utilisez une règle si vous souhaitez faire des traits droits pour la lettre.

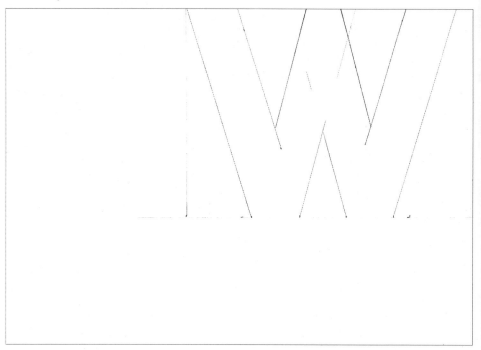

Dans cette étape, nous ajoutons la troisième dimension à la lettre.

Tracez les traits en commençant par les coins en bas à gauche de la lettre. Examinez l'image suivante pour voir où j'ai tracé les traits et comment. Ne faites pas ces lignes parallèles entre elles, mais rapprochez un peu leurs extrémités .

Je suggère de commencer par le coin (A) tel qu'il est indiqué dans l'image suivante, puis de faire tendre les autres extrémités vers la partie inférieure de ce trait. C'est important car nous voulons que la surface supérieure de la lettre soit plus proche des yeux du spectateur et que la partie inféfieure soit plus loin, plus basse. Ces traits peuvent mesurer jusqu'à la moitié de la hauteur totale de la lettre et chaque trait doit avoir la même longueur.

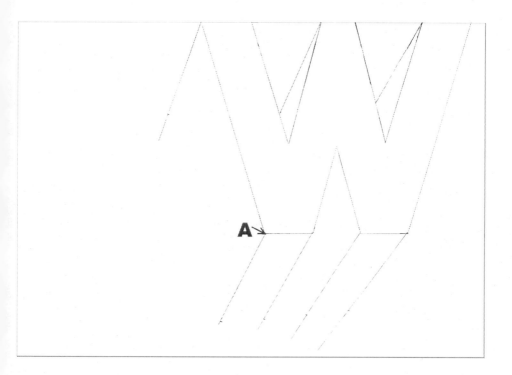

Reliez maintenant les extrémités comme indiqué dans l'image suivante.

Vous devriez souvent vérifier le dessin du point de vue à partir duquel vous voulez voir à la fin.

Regardez l'image au début et à la fin du tutoriel pour voir comment rend mon dessin sous cet angle spécifique, le vôtre sera similaire à celui-ci, pour que vous ayez une idée de ce à quoi le dessin ressemblera à la fin.

Imaginez que la source de lumière se trouve dans le coin supérieur gauche, mais beaucoup plus haut au-dessus de la feuille, et dessinez les ombres portées correspondantes. Autrment dit, remplissez les zones tridimensionnelles précédemment créées avec du 2B ou même plus foncé, et essayez de rendre les surfaces aussi lisses que possible.

Donc, dans cette étape, ombrez la zone se situant supposément le plus à l'ombre, qui devrait se trouver sous la lettre. Analysez l'image suivante avant de commencer à ombrer.

Dans cette étape, créez l'ombre propre, que la lettre projette sur elle-même.

Utilisez du HB pour remplir la zone où l'ombre touche la lettre, en gardant à l'esprit d'où provient la source de lumière imaginaire.

Maintenant, vous pouvez remplir le reste, pour ainsi dire des zones tridimensionnelles, en utilisant du 5H ou 6H, et en faisant de petits mouvements circulaires afin de rendre la surface uniforme.

Comme vous pouvez le voir dans l'image suivante, on dirait déjà de la 3D.

Il ne reste plus que l'ombre portée à ajouter. Utilisez du 2H pour ce faire. Comme vous pouvez le voir, je suggère que vous utilisiez différentes nuances dans ces zones pour donner l'impression qu'elles soient des dimensions différentes.

Ce type de coloration ajoutera beaucoup à l'effet 3D. Voici la partie la plus difficile et la plus délicate, et vous devez utiliser votre imagination. Vous devez déterminer où la lettre projetterait son ombre sous elle-même. Gardant toujours à l'esprit la direction de votre source lumineuse, créez les bordures de l'ombre portée.

Pour vous aider, vous pouvez examiner l'image suivante et voir comment j'ai placé les traits et coloré la zone ombrée. L'ombre que j'ai dessinée est proche de la lettre, ce qui signifie que j'ai imaginé que la source de lumière était bien au-dessus de la lettre.

Plus la source lumineuse est proche du coin supérieur gauche de cette surface, plus l'ombre sera longue. Utilisez un crayon graphite 2H pour les bordures de cette ombre et expérimentez avec les positions des traits jusqu'à ce que vous trouviez l'endroit le plus approprié.

Ce sera plus facile si vous avez dessiné la même lettre que moi, mais toute autre lettre projetterait également une ombre de longueur similaire. Il n'y a que la forme avec laquelle vous devez expérimenter.

Si vous dessinez "R", "O", "P" ou des lettres similaires, n'oubliez pas le "trou" dans ces lettres et les ombres qu'il projette. Dans le cas de ces lettres, l'ombre propre devrait avoir un ton dégradé.

Vous pouvez maintenant découper la partie supérieure de la feuille, en dehors de la lettre, pour la rendre encore plus tridimensionnelle.

Dans l'image suivante, vous pouvez voir où découper la feuille.

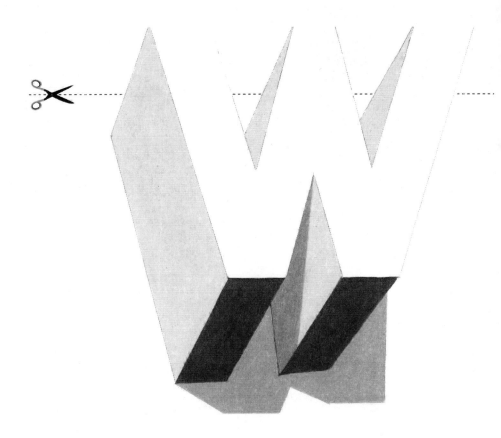

Lorsque vous placez le dessin sur la table et que vous le regardez depuis un certain point, il donnera l'impression de sortir de la feuille. Ici vous pouvez voir toutes les erreurs finales que vous avez pu faire. Corrigez-les ou faites un nouveau dessin.

Vous êtes maintenant doté de plus d'expérience et de connaissances pour pouvoir faire mieux la prochaine fois et sur vos futurs dessins.

Comment dessiner un portrait - partie 1: Croquis

Dessinons notre propre portrait à partir de rien!

Rappelez-vous que la proportion est relative. Chaque visage est différent. Certaines personnes, par exemple, ont un front plus haut que d'autres. Ils peuvent avoir des yeux rapprochés, des narines plus étroites, des lèvres plus minces, un plus petit menton, des os protubérants, etc. Ce qui importe, cependant, c'est que vous compreniez les proportions de base de chaque visage et que vous les utilisiez pour construire votre image. Les lignes directrices présentées dans les étapes suivantes sont générales. Je vais vous donner quelques conseils sur la façon de dessiner un portrait en utilisant un guide de mesure.

Dans un premier temps, décidez quelle taille vous voulez dessiner. Je recommande le format papier A4 car ce n'est pas trop petit mais pas trop grand non plus. La première chose à faire est d'établir la position de la tête sur la page

Tout d'abord, décidez où vous voulez placer le haut de la tête et tracez une ligne horizontale en utilisant du HB, en appuyant légèrement. Ensuite, décidez où vous voulez placer le bas du visage et tracez également une ligne horizontale. Appelons-les lignes A afin que vous puissiez mieux comprendre de quelles lignes je parle lorsque vous regardez les images.

L'étape suivante consiste à placer une ligne horizontale exactement au milieu des deux lignes A. C'est la ligne B que vous pouvez voir dans l'image suivante. Sur cette ligne, nous allons dessiner le centre des pupilles dans les étapes suivantes. Les yeux sont placés à peu près au milieu de la hauteur de la tête (cheveux compris). Dans cette étape, nous établirons la position des yeux.

L'étape suivante consiste à déterminer la largeur du visage. Il devrait être un peu plus large que la distance entre les lignes A et B, dans l'image suivante, vous pouvez voir la ligne F que j'ai placée à l'ordinateur pour vous montrer la longueur que je parle. Donc, la longueur entre mes lignes A et B est d'environ 4 pouces (10 centimètres), j'ai donc décidé de faire la largeur du visage de 5 pouces (12 centimètres). Bien entendu, ces mesures diffèrent d'un visage à l'autre et vous n'avez pas à vous en tenir strictement à mes mesures, vous pouvez le faire plus large ou plus étroit. Une petite différence n'a pas d'importance.

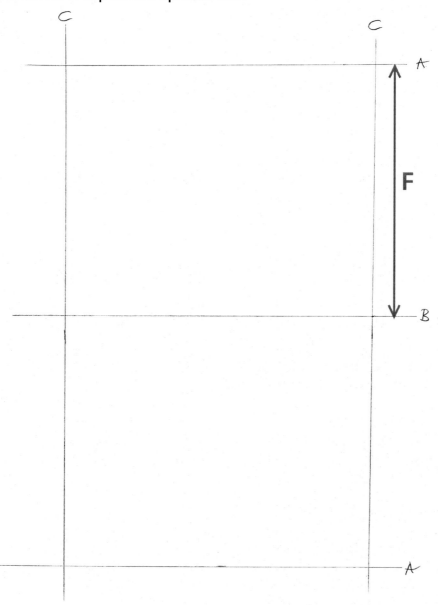

Maintenant que nous avons déterminé la longueur et la largeur du visage, et avons créé le cadre, pour ainsi dire la grille de notre portrait, nous pouvons tracer le contour de la tête. C'est essentiellement une forme ovale. Ici, vous devez décider si vous voulez dessiner un portrait masculin ou féminin, car les femmes ont des contours plus fins et les hommes ont des mâchoires plus carrées, etc.

Tout d'abord, concentrez-vous sur la moitié supérieure du contour, entre la ligne A supérieure et la ligne B. Vous pouvez voir comment j'ai fait dans l'image suivante. Cette moitié supérieure est essentiellement le demi-cercle de la zone supérieure, suivant les lignes verticales C dans la moitié inférieure.

Maintenant, vous pouvez passer à la partie inférieure, qui est un peu plus compliquée. Ici, vous devez créer la forme de la mâchoire. J'ai décidé de faire un visage de femme de forme ovale. Vous pouvez dessiner la même chose ou créer une forme différente, comme pour chaque étape de ces tutoriels, vous avez le choix. Vous n'avez pas à faire exactement pareil.

Lorsque vous commencez à tracer le contour dans la moitié supérieure de la partie inférieure du visage, suivez un peu les lignes C et dessinez par-dessus, sous la ligne B. Dessinez ensuite les lignes vers l'intérieur du visage, se rapprochant, et dessinez également une certaine largeur sur la ligne inférieure A, qui représentera le bas du menton.

Examinez attentivement l'image suivante avant de commencer à dessiner.

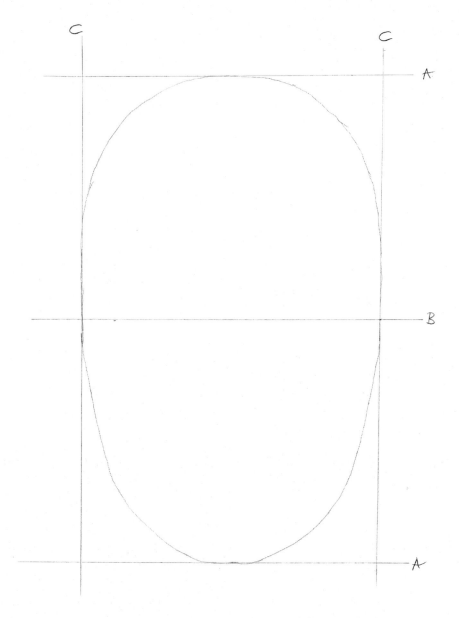

Pour pouvoir déterminer la position des traits du visage, déterminons d'abord la position des cheveux. Ce n'est que la zone de la peau où les cheveux poussent et non la zone entière que les cheveux vont occuper. Nous avons besoin ici, pour l'instant, de déterminer la bordure entre le front et la tête, et à l'étape suivante, vous verrez pourquoi. Dans l'image suivante, vous pouvez voir la zone que j'ai réservée aux cheveux.

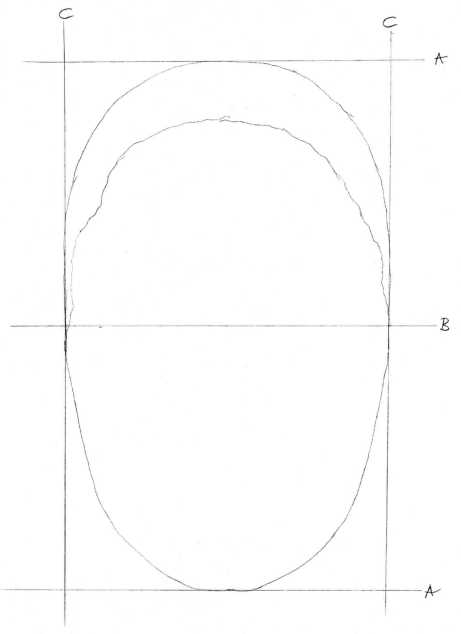

Nous pouvons maintenant diviser le visage en trois parties assez égales.

J'ai dessiné les lignes en pointillés G pour que vous puissiez voir où placer ces lignes. Nous devons placer quatre lignes pour créer trois zones. La première ligne (en partant du haut) G1 est placée horizontalement sur la bordure entre les cheveux et le front.

Maintenant, vous devriez mesurer d'ici au bas du menton, et si cette longueur est de 9 pouces, vous devrez alors tracer la ligne suivante (G2) 3 pouces plus bas. Cette ligne détermine la position du bord supérieur des sourcils.

Maintenant, la troisième ligne (G3) doit être placée à nouveau un tiers de longueur plus bas. Cette ligne détermine la position du bas du nez. La quatrième ligne (G4) est la même que la ligne inférieure A.

J'ai placé des cotes sous forme numérique dans l'image suivante pour que vous puissiez voir ces trois zones égales et où dessiner les lignes en pointillés G.

Si vous avez dessiné toutes ces lignes directrices, vous pouvez commencer à dessiner les oreilles et les traits du visage.

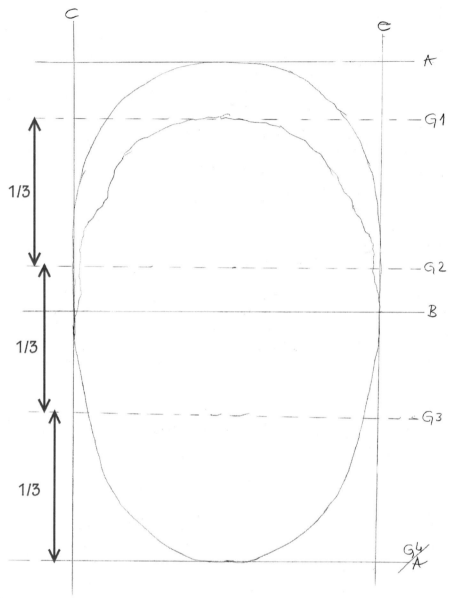

Commençons par les oreilles. Les oreilles seront égales à la troisième longueur centrale de la zone précédemment divisée, de la ligne G2 à G3. Ici aussi, vous choisissez à quelle distance de la tête vous dessinez les oreilles. Le but est de rendre la zone supérieure un peu plus éloignée du visage et une zone inférieure plus proche du visage, et bien sûr de garder le haut et le bas des oreilles exactement sur ces lignes G. Les oreilles ne doivent pas nécessairement être symétriques, alors ne vous concentrez pas sur cela, mais sur les choses que j'ai déjà mentionnées.

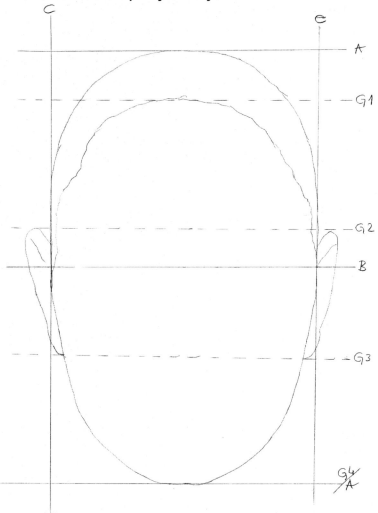

Pour dessiner les yeux, divisez la largeur du visage, quelque part sur la ligne B en 5 parties égales. Tracez 4 lignes verticales, comme vous pouvez le voir dans l'image suivante, afin d'avoir les zones que j'ai marquées comme H1, H2, H3, H4 et H5. La zone entre les deux yeux est toujours d'environ un œil de large. Comme mentionné, les pupilles seront placées sur la ligne B, et maintenant que nous avons déterminé la position des coins des yeux, nous pouvons tracer leur contour dans l'étape suivante.

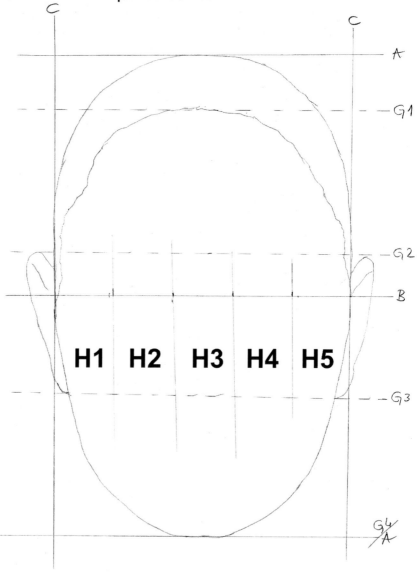

Avant de commencer à faire les yeux, il est bon de connaître quelques règles afin de créer un portrait plus proportionnel et réaliste. Les pupilles et les iris sont toujours circulaires dans une vue de face. Dans des circonstances normales, la paupière supérieure recouvre toujours la partie supérieure de l'iris et la partie inférieure de l'iris se situe juste au-dessus du bord de la paupière inférieure. Il faut laisser cette partie intacte sur la feuille, généralement un point ou un petit carré, qui représentera le reflet de la lumière et fera briller les yeux.

Commencez avec un crayon HB pour dessiner la forme des yeux. Ce contour ne doit pas être trop foncé, donc les crayons B et plus foncés ne sont pas bons pour les croquis, à moins d'appuyer très légèrement. Ici, nous avons besoin du contour des formes de base.

Commencez avec les pupilles, exactement au milieu entre les lignes verticales précédemment dessinées, sur la ligne B. Donc, l'œil gauche doit être tracé dans la zone H2 et l'œil droit dans la zone H4. Dessinez les deux pupilles de la même taille. Ensuite, tracez le contour de l'iris et créez la paupière supérieure. J'ai fait une ligne double pour la paupière supérieure en raison de son épaisseur. De plus, dessinez les plis au-dessus de la paupière supérieure en suivant la même forme. Après cela, dessinez la paupière inférieure, juste en dessous de l'iris et reliez les lignes des paupières dans les coins quelque part sur la ligne B. Examinez l'image suivante pour voir les emplacements avant de commencer à dessiner.

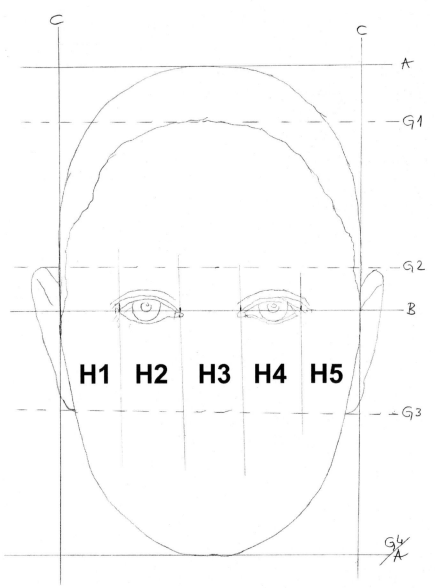

Maintenant, vous pouvez dessiner les sourcils. C'est aussi arbitraire. J'ai choisi de dessiner des sourcils féminins classiques, qui sont légèrement incurvés près des côtés du visage. Les sourcils masculins doivent être dessinés plus droit et un peu plus épais. Ici, nous devons déterminer la position des sourcils, mais les lignes brutes devront être supprimées plus tard car les sourcils doivent être dessinés avec des lignes très fines, pas avec de tels contours. Ces lignes pour l'instant sont simplement nécessaires pour se repérer.

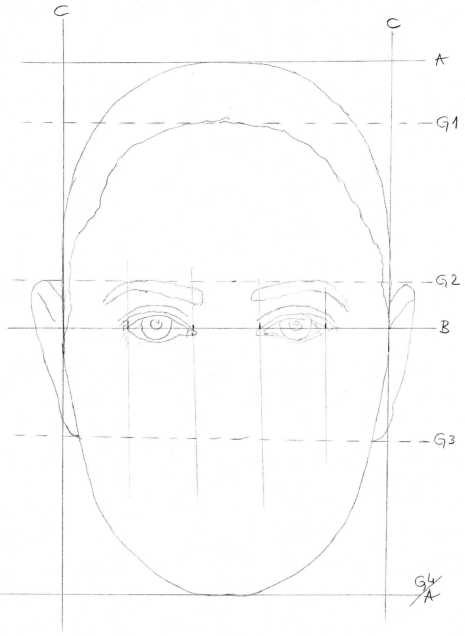

Vous pouvez maintenant tracer le contour du nez, dont le bas devrait être placé sur la ligne G3, et le nez entier devrait être placé dans une zone H3 (je n'ai pas marqué les zones H ici, consultez les images précédentes). Donc, les bords extérieurs des ailes du nez devraient être placés exactement sous les coins intérieurs des yeux.

Il est assez difficile de dessiner le nez de face car il y a juste quelques contours à dessiner, et la plupart du temps, le nez doit être ombré et non dessiné.

Commencez par dessiner les contours visibles, à savoir les bords des narines, les contours arrondis au milieu du bas du nez, deux narines et tout ce que vous pouvez trouver nécessaire.

J'ai aussi marqué deux lignes verticales en pointillés pour l'arête du nez et l'ombre portée sous le nez. Le nez - comme tout le reste - projettera une ombre avec des bords vifs dans la lumière directe du soleil ou sous une lampe, mais projettera une ombre avec des bords flous dans un environnement peu éclairé. Si vous avez également besoin de ces lignes, dessinez-les légèrement car vous voudrez qu'elles disparaissent sous les ombres plus tard au cours du dessin.

Examinez l'image suivante et tracez les contours du nez.

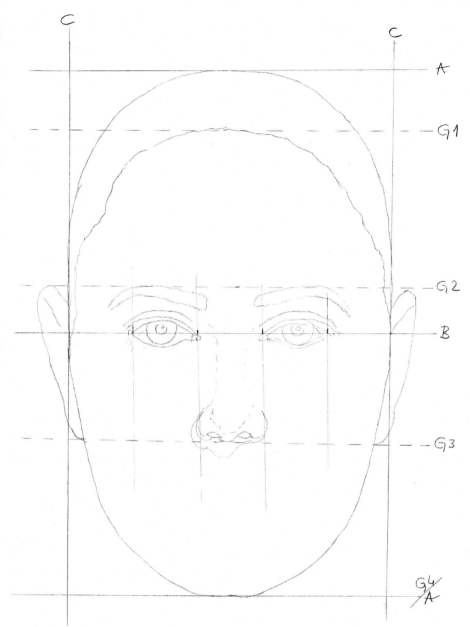

Il ne reste plus qu'à faire le contour de la bouche. Le coin de la bouche doit être placé exactement sous la pupille. Vous pouvez voir dans l'image suivante les deux lignes verticales que j'ai dessinées, et j'ai également supprimé toutes les lignes directrices car je n'en ai plus besoin. J'ai dessiné des lèvres féminines et charnues, mais vous pouvez les dessiner autrement. Si vous dessinez un homme, vous pouvez dessiner des lèvres un peu plus fines, mais ce n'est pas obligatoire. La lèvre supérieure est presque toujours un peu plus fine que la lèvre inférieure et n'oubliez pas l'arc de Cupidon au-dessus de la lèvre supérieure.

Donc, voici ce que donne mon croquis final, J'espère

que vous avez également créé un croquis proportionnel et nous pouvons maintenant commencer à dessiner et à ombrer les traits du visage. Après cela, nous allons ombrer la peau de l'ensemble du visage et du cou et, dans la dernière étape de ce tutoriel, nous allons dessiner les cheveux.

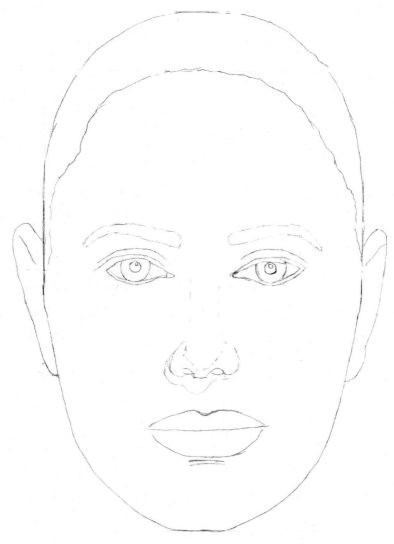

Comment dessiner un œil

Vous devriez commencer par les yeux en dessinant un portrait car ce sont les éléments les plus importants.

Vous pouvez dessiner les yeux un par un ou séparément. Je vais donner des instructions pour l'œil gauche, donc vous pouvez appliquer la même chose pour l'œil droit, mais dans l'autre sens (sauf pour les reflets des lumières, ils doivent être du même côté).

En utilisant un des crayons de 4B à 9B, remplissez la pupille. N'utilisez pas du HB ou plus clair car ils ne produiront pas une couleur noire absolue et l'œil ne semblera pas naturel. Si vous avez dessiné des cercles parfaits, vous pouvez appuyer fort, mais si vous n'êtes pas sûr, appuyez légèrement car vous voudrez peut-être effacer quelque chose si vous avez besoin de corriger quelque chose. C'est pourquoi le croquis initial est important. Vous pouvez repasser sur la zone pour obtenir un ton plus foncé et remplir complètement la texture du papier. J'espère que vous avez marqué les petits points pour les reflets de la lumière en traçant les contours, de façon à ce que vous puissiez maintenant simplement dessiner autour. Et laissez-les en blanc.

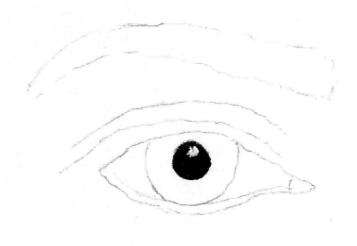

Dans un deuxième temps, dessinez le contour de l'iris à l'aide d'un crayon B ou plus clair. Si vous dessinez des yeux marrons, comme moi, utilisez un crayon B ou F, mais si vous voulez dessiner des yeux bleus ou verts, utilisez du HB ou un crayon plus dur pour délimiter les iris. Cette zone extérieure de l'iris est appelée limbe et ses bords devraient être un peu flous à l'extérieur parce que la bordure entre le blanc de l'oeil et le limbe n'est pas très nette, et le bord intérieur devrait être encore plus flou car il faudra le mélanger au ton principal de l'iris, ce que nous ferons à l'étape suivante. Réalisez cette étape avec précaution et appuyez légèrement jusqu'à ce que vous obteniez le ton désiré. Vous pouvez l'estomper avec une estompe si vous le trouvez trop net. Appuyez plus fort sous la paupière supérieure, car elle fait de l'ombre à l'iris et au limbe.

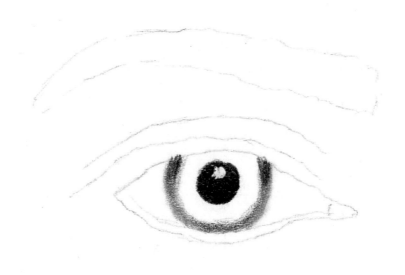

Maintenant, nous pouvons remplir le reste de l'iris avec un ton plus clair que B. J'ai divisé cette étape en deux parties pour la rendre plus facile à comprendre. Je veux ombrer mon iris avec un crayon 5H, mais la partie supérieure de l'iris est toujours ombragée, nous devons donc toujours utiliser les nuances les plus sombres pour cette zone supérieure. L'ombre est encore plus foncée si la femme porte du maquillage épais.

Il peut y avoir encore plus de reflets de la lumière sur tout l'œil, surtout s'il y a plus de sources lumineuses ou d'ampoules. Pour vous montrer à quoi ça ressemble, j'ai laissé intact la forme rectangulaire de la partie supérieure droite de l'iris. L'œil droit doit avoir ce reflet au même endroit, alors si vous retournez les images de ce tutoriel lorsque vous dessinez l'œil droit, gardez bien ça à l'esprit. Je voulais aussi créer plus de reflets de lumière, car ça rend les yeux encore plus brillants et donc plus réalistes.

Puisque l'iris contient une variété de tons et de taches qui rayonnent vers le centre de la pupille, tracez des petits traits commençant à la pupille et allant vers le limbe. Pour créer un iris encore plus réaliste, appuyez différemment lorsque vous tracez ces traits pour obtenir les motifs de l'iris. Vous pouvez utiliser une estompe pour estomper cette zone, mais si vous avez tracé vos traits les uns à côté des autres et rempli le papier, vous n'avez pas besoin de l'estomper.

Maintenant, dans la deuxième étape de la coloration de l'iris, remplissez le reste, toute la zone inférieure, en dessinant également les rayons vers l'extérieur de la pupille. Faites certains rayons se chevaucher au hasard pour créer des traits plus épais. Comme mentionné, les traits sortent de la pupille radialement, alors tracez des traits droits vers le limbe. J'ai utilisé du 2H pour ça.

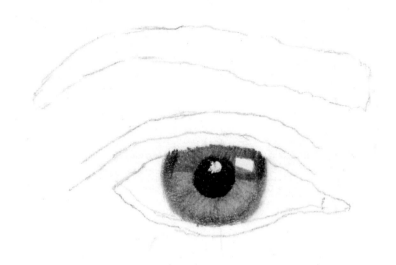

Maintenant, nous devons rendre le globe oculaire rond. Pour faire cet effet, nous devons ombrer le blanc d'oeil visible dans les coins gauche et droit des deux yeux. Ceci est important car pour l'instant le globe oculaire semble plat au lieu de rond, et cette ombre ajoutera de la profondeur à l'œil entier.

Vous devriez seulement laisser le blanc de l'oeil absolument blanc au milieu, à côté des iris. Pour ombrer les coins du globe, utilisez du 4H ou de la poudre de graphite faite à partir de 4H ou de nuances plus vives. N'utilisez jamais de nuances plus foncées pour ces zones. Lorsque vous ombrez le globe oculaire, commencez dans le coin et appuyez plus fort. Ensuite, en allant vers le centre / iris, relâchez la pression et finissez par ne plus ombrer du tout. Créez également l'ombre portée sous la paupière supérieure en utilisant une nuance un peu plus foncée, HB par exemple, et estompez-la avec l'estompe.

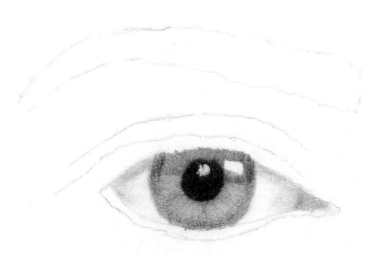

Maintenant, assombrissez les plis en utilisant un crayon F ou H. Aussi, créez un peu d'ombre sur la paupière inférieure, sous la racine des cils en utilisant une estompe.

Maintenant, vous pouvez commencer à ombrer la peau autour des yeux. Faisons ça zone par zone pour nous faciliter la tâche. Comme déjà mentionné, je place un morceau de papier découpé sur la zone que je ne veux pas ombrer. C'est ce que j'ai fait ici, j'ai placé le papier sur la zone sous le pli, et j'ai ombré la zone au-dessus du pli, en appuyant plus fort au niveau du pli et en relâchant la pression en ombrant vers le sourcil. Ce dégradé est important ici pour donner sa forme à la paupière. Vous pouvez le faire avec un mouchoir ou une compresse en coton. L'estompe ne convient pas ici, car il faut ombrer une surface plus grande qui doit être lisse.

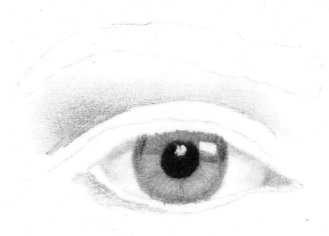

Faites de même dans la zone entre le pli et l'œil, mais laissez la peau au milieu intacte. Ça donnera une forme arrondie à la paupière supérieure. Donc, n'ombrez que dans les coins et relâchez la pression lorsque vous ombrez vers le rehaut.

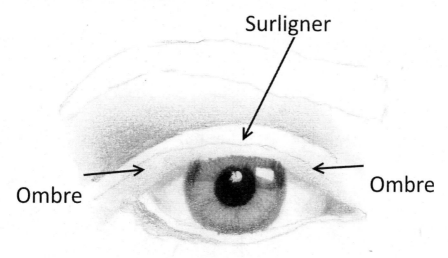

Surligner

Ombre

Ombre

Maintenant, faites la même chose sous l'oeil, ombrez la paupière inférieure de la même façon: appuyez plus fort sous la racine des cils et plus légèrement lorsque vous ombrez vers le bas.

Laisser le bord supérieur de la paupière inférieure intact, au-dessus de la racine des cils. Vous représenterez ainsi l'épaisseur de la peau.

Je voulais dessiner une femme avec du maquillage, alors j'ai utilisé un crayon 4B pour dessiner la ligne épaisse faite avec un eye-liner au-dessus de l'oeil, au-dessus de la racine des cils. Si vous ne voulez pas faire la même chose, utilisez un crayon HB et faites des traits plus fins, et utilisez une estompe pour la zone dans le coin intérieur, au-dessus du canal lacrymal.

Maintenant, comme nous avons ombré tout autour de l'œil, nous pouvons dessiner les cils. Il vaut mieux les faire après avoir ombré plutôt que de les dessiner en premier, puis de faire de l'ombre car vous étaleriez les cils et ils ne sembleraient pas propres. Les cils doivent être dessinés en faisant des lignes arrondies, pas des lignes droites.

Utilisez du HB ou un crayon plus foncé pour les cils. J'ai utilisé du 4B parce que je voulais ajouter un effet de mascara. Dessinez des cils plus longs en partant du coin extérieur de l'œil et dessinez-les de plus en plus petits en allant vers le canal lacrymal.

Il en va de même pour les cils de la paupière inférieure, mais dessinez-les plus courts et un peu plus clairs. Certaines de leurs extrémités peuvent rester collées et choisissez leur longueur au hasard.

Si vous êtes satisfait de que ça donne, vous pouvez passer au sourcil. Vous pouvez toujours changer quelque chose au cours du dessin ou à la fin, si nécessaire. Pour créer le sourcil, j'ai prévu deux étapes. La première étape consiste à ombrer toute la zone que vous avez supposé être le sourcil.

C'est bien d'abord parce que cela diminuera le contraste entre les poils et la peau, ce qui la rendra plus réaliste, et deuxièmement parce que les poils des sourcils font un peu d'ombre à la peau, il serait donc artificiel de dessiner les poils sans ombrer la zone. J'ai utilisé l'estompe pour ça. Examinez l'image suivante pour constater ce que j'ai mentionné avant de commencer à l'appliquer à votre dessin.

Nous pouvons commencer à dessiner les poils dans le sens de leur pousse.

J'ai utilisé du HB pour toute la zone et j'ai appuyé plus fort au-dessus du blanc de l'oeil à droite de l'iris. Cette zone est sous l'os et la peau elle-même est ombragée, donc les poils y seront aussi plus foncés. À l'inverse pour les poils au-dessus de la peau rehaussée, ils doivent être dessinés en appliquant moins de pression.

Si vous dessinez un portrait masculin, vous ne devriez pas dessiner des sourcils à la forme fine comme pour les femmes et comme j'ai dessiné, mais ajouter des poils au hasard autour des sourcils. Avant de commencer à dessiner, vous pouvez examiner des photos de personnes, ou les gens autour de vous afin de rendre votre portrait plus réaliste.

Maintenant, vous pouvez dessiner l'œil droit en utilisant le même tutoriel.

Pour dessiner l'œil droit, retournez simplement les images ou regardez-les dans le miroir si vous trouvez ces astuces utiles. Le but est d'éviter de rendre les yeux symétriques car ils auraient l'air faux. Les côtés droit et gauche du visage ne sont jamais symétriques dans la réalité, gardez donc ça à l'esprit lorsque vous dessinez des portraits.

Dans l'image suivante, vous pouvez voir les deux yeux que j'ai dessinés. Vous pouvez dessiner votre prochain portrait en dessinant les deux yeux en même temps pour essayer différentes approches et voir celle qui vous plait le plus et celle qui vous réussit le plus.

Comment dessiner un nez

Si vous avez tracé le contour des les narines et des côtés des ailes, vous pouvez maintenant dessiner et ombrer le nez. Le nez est essentiellement constitué d'ombres et non de traits. Au début, remplissez les narines avec du 4B ou plus foncé.

Il est difficile de dessiner le nez de face car il n'y a pas de lignes à dessiner, mais il faut jouer avec les tons et ombrer pour créer sa forme.

Comme vous avez dessiné les narines, commencez par ombrer tout le bas du nez, vous devriez également couper un morceau de papier pour le mettre tout autour afin de mettre de la poudre uniquement sur le nez. Appuyez aussi plus fort sur le bord et relâchez la pression en ombrant vers le haut du nez. Vous pouvez utiliser une estompe ou un coton-tige pour ce faire, et si vous éparpillez un peu de poudre autour, vous pouvez la gommer.

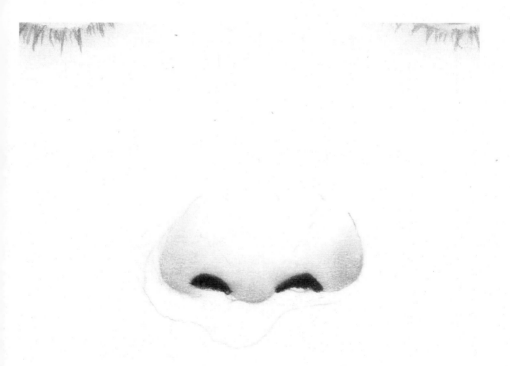

L'étape suivante est beaucoup plus délicate et cruciale, alors avant d'appliquer la poudre de graphite sur votre dessin, entraînez vous à faire les mouvements avec votre main et votre mouchoir ou votre coton sur une feuille de papier à part.

Ici, vous devez ombrer les deux côtés du nez et créer un dégradé entre l'ombre et les zones autour. L'arête doit rester intacte car elle est toujours rehaussée.

Vous pouvez maintenant créer la lumière réfléchie sur les côtés extérieurs des deux ailes et sur le haut du nez en gommant, comme indiqué sur l'image suivante. Vous pouvez dessiner l'ombre portée en utilisant du HB, en dessinant la zone uniformément et en l'estompant avec une estompe.

L'ombre portée fera sortir le nez de la feuille. Si la source de lumière est forte, comme dans le cas de la lumière directe du soleil, les bords de l'ombre doivent être nets, et si la source de lumière est faible, les bords de l'ombre doivent être flous.

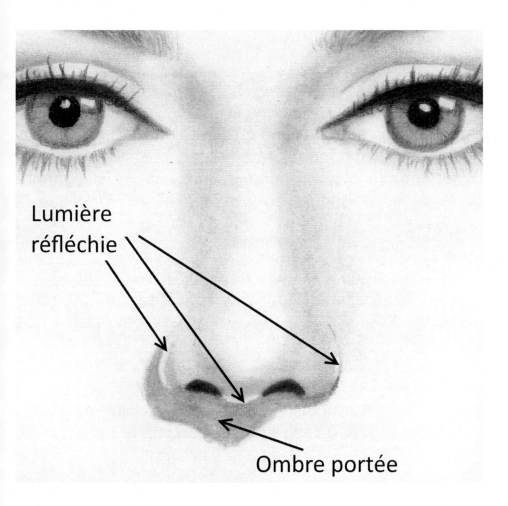

Lumière réfléchie

Ombre portée

Comment dessiner des lèvres

Pour faire simple, dessiner les lèvres et les rendre arrondies se fera en trois étapes de travail des ombres, que ce soit avec un crayon ou avec de la poudre de graphite, mais je recommande d'abord d'ombrer avec de la poudre de graphite, puis d'ajouter des détails.

Donc, passons par ces trois étapes avant de faire les détails et l'ombre projetée.

Tout d'abord, assurez-vous d'effacer le croquis initial et de le rendre à peine visible, en particulier au niveau de l'arc de Cupidon. En règle générale, la partie inférieure de la lèvre supérieure est plus sombre car elle reçoit généralement moins de lumière. La partie supérieure de la lèvre supérieure est presque aussi claire que la peau au-dessus, sauf s'il s'agit d'une femme portant du rouge à lèvres.

Donc, maintenant nous pouvons ombrer la lèvre supérieure. Comme mentionné, découpez un morceau de papier pour couvrir la lèvre inférieure et obtenir une ombre plus prononcée sur la partie inférieure de la lèvre supérieure. Ici, vous devez avoir tendance à créer un dégradé parfait, relâchez donc la pression avec votre mouchoir ou votre coton, en ombrant vers le haut. Vous pouvez voir dans l'image suivante comment j'ai créé la lèvre supérieure uniquement en ombrant.

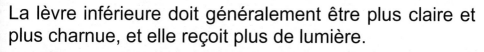

La lèvre inférieure doit généralement être plus claire et plus charnue, et elle reçoit plus de lumière.

Maintenant, vous pouvez couvrir la lèvre supérieure et ombrer la partie supérieure de la lèvre inférieure de la même manière. Il doit également y avoir un dégradé. Examinez l'image précédente et l'image suivante pour voir la différence une fois l'ombre ajoutée.

Maintenant, vous devez ombrer la zone inférieure de la lèvre inférieure de la même manière. Découpez de nouveau un morceau de papier qui épouse le contour inférieur afin de couvrir la peau autour de la lèvre inférieure. Je veux faire en sorte que la femme porte un peu de rouge à lèvres, donc j'ai ombré plus fortement, mais si vous voulez dessiner des lèvres sans rouge à lèvres, appuyez plus légèrement, mais la même technique et les mêmes instructions s'appliquent à n'importe quel ton de lèvre.

Appuyez plus fort sur les deux côtés de la lèvre inférieure et en bas et laissez-la intacte au milieu (à peu près au niveau du second tiers de la largeur de la lèvre inférieure).

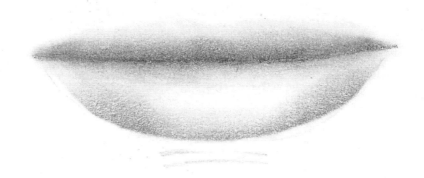

Créez quelques rides à la verticale à l'aide d'un crayon HB. Dessinez-les au hasard car ça leur donnera un aspect naturel. Appuyez plus fort lorsque vous créez ces rides dans les zones ombrées (ou utilisez un crayon B), et appuyez légèrement lorsque vous les dessinez sur les zones rehaussées. La partie supérieure de la lèvre supérieure devrait encore rester intacte car elle ne présente pratiquement pas de rides et celles-ci sont rehaussées donc à peine visibles de toute façon.

Puisque je veux dessiner une femme qui porte du rouge à lèvres, j'ai complètement rempli la lèvre supérieure à l'aide de l'estompe. Si vous trouvez cette zone trop sombre, vous pouvez toujours la gommer à la fin du dessin lorsque vous verrez ce que rendent les lèvres sur l'image entière.

En utilisant une estompe, lissez les rides sur les deux lèvres. Ajouter plus d'ombre sur les deux côtés de la lèvre inférieure en utilisant du 2B et estompez avec l'estompe.

Ajoutez quelques rehauts sur la lèvre inférieure, parmi les rides, en gommant la poudre si vous en avez appliqué sur cette zone.

Maintenant, vous pouvez ajouter l'ombre portée qui fera ressortir la lèvre inférieure de la feuille et lui donnera une forme encore plus arrondie. Couvrez les lèvres avec un morceau de papier et ombrez en commençant sous la lèvre inférieure, en relâchant la pression lorsque vous ombrez vers le bas.

Il devrait y avoir beaucoup plus de détails pour les artistes intermédiaires et professionnels, mais pour un débutant, c'est amplement suffisant.

Comment dessiner un portrait - partie 2: ombrer la peau du visage

En ombrant les plus grandes zones de la peau, il est important de créer une texture uniforme et lisse, qui peut être obtenue - à mon avis - uniquement en appliquant de la poudre de graphite avec un mouchoir ou du coton. Vous pouvez utiliser du 5H et la dessiner en faisant des traits, mais les zones entre les extrémités des traits resteront visibles, comme illustré dans mon exemple dans l'image suivante.

Vous pouvez utiliser une estompe pour la peau, mais le problème sera le même. La zone ne sera pas uniforme et lisse. Même quelqu'un d'expérimenté ne peut pas appliquer le graphite uniformément sur une grande surface.

Lorsque vous appliquez de la poudre de graphite avec un mouchoir ou du coton, en faisant de petits mouvements circulaires et en appuyant légèrement, vous obtiendrez une texture parfaite pour la peau.

Assurez-vous de garder votre feuille de papier à dessin propre tout le temps car si vous touchez le papier, en particulier avec vos doigts, il sera visible après l'application de poudre de graphite. Comme vous le savez peut-être, une méthode similaire est utilisée par les enquêteurs pour trouver les empreintes digitales. Ainsi, peu importe la propreté de vos doigts, ils laisseront toujours une empreinte qui sera visible après avoir ombré avec de la poudre. Tenez toujours votre main sur un mouchoir ou un morceau de papier vierge et utilisez un pinceau large pour nettoyer le papier à dessin et éliminez la poudre et les autres saletés.

Pour l'image et l'échantillon précédents, j'ai utilisé de la poudre de graphite fabriquée à partir du Progresso 2B, mais pour une peau pâle, nous devons fabriquer la poudre à partir de crayons 5H ou même plus clairs.

Mais comment choisir le bon ton pour la peau? Et comment pourrez-vous le faire quand vous voudrez dessiner à partir de vos photos de référence? Il existe plusieurs méthodes pour déterminer les bons tons de la peau.

La première : dessiner des bandes avec vos crayons et comparer leurs valeurs à la valeur da la peau sur la photo de référence que vous avez convertie en noir et blanc.

La deuxième : imprimer votre photo de référence en noir et blanc et imprimer l'échelle de valeur de ton de peau (image suivante). Faire des petits trous dans l'échelle et la placer sur votre photo de référence. Comparer le ton de la photo de référence (que vous pouvez voir à travers le petit trou) à la couleur sur l'échelle où se trouve le trou et utiliser le crayon correspondant.

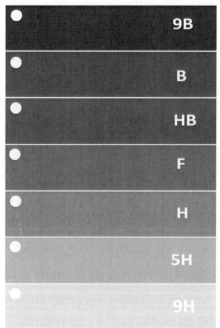

La troisième : utiliser l'outil compte-gouttes pour voir quelle valeur de ton gris vous devez utiliser.

En ombrant tout le visage, il faut donner à la tête une forme ronde, sinon elle aura l'air plate et caricaturale. Découpez un morceau de papier et placez-le sur la zone tout autour, comme indiqué sur l'image suivante. Placez-le un peu plus loin du bord pour laisser de la place pour lalumière réfléchie, mais vous pourrez également la gommer ultérieurement. Prenez de la poudre de graphite et appliquez-la en effectuant des mouvements circulaires. Appuyez plus fort au bord des côtés droit et gauche du visage.

Faites la même chose de l'autre côté du visage.

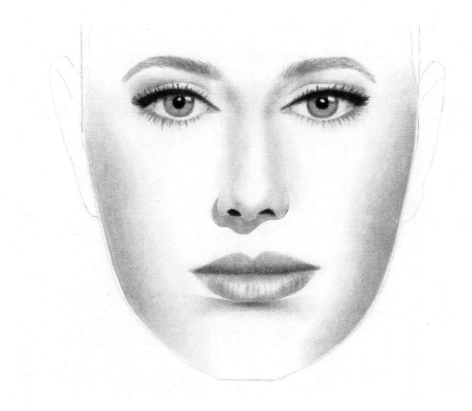

Maintenant, vous pouvez passer au menton.

Là aussi, découpez un morceau de papier de la forme du menton et placez-le sur le cou. Laissez une petite zone pour la lumière réfléchie comme vous pouvez le voir dans l'image suivante.

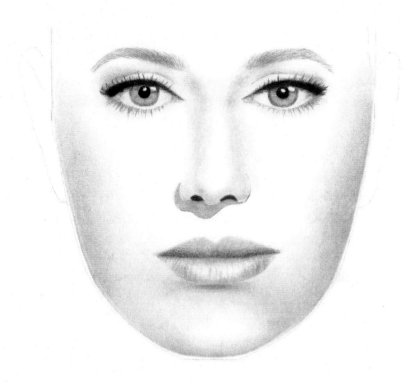

Enfin, vous pouvez également le faire autour du front. Ici, vous n'avez pas à placer de morceau de papier sur les cheveux car ce n'est pas un problème si la zone des cheveux reçoit un peu de graphite. Elle sera de toute façon ombrée et dessinée, et en plus, il devrait y avoir un dégradé entre les cheveux et la peau. La bordure entre la peau du front et les cheveux n'est jamais nette, mais il y a beaucoup de minuscules cheveux à peine visibles qui rendent cette zone "floue", autrement ça ressemblerait à une personne qui porte une perruque. Relâchez la pression lorsque vous ombrez vers le centre inférieur du front. C'est une zone très éclairée et elle doit rester entièrement blanche.

Le résultat final est une peau assez pâle, mais je ne voulais pas trop l'ombrer pour que vous ne l'ombriez pas trop non plus. Nous pouvons toujours ajouter plus d'ombres et la rendre plus sombre, mais il est difficile, voire même impossible, de rendre la peau pâle si nous avons déjà créé un ton plus foncé. Donc, si vous trouvez votre portrait pâle jusqu'à présent, vous pouvez toujours créer plus de couches de poudre de graphite, en repassant sur les zones encore et encore jusqu'à ce que vous obteniez le ton désiré.

Utilisez un mouchoir ou du coton et faites des mouvements circulaires. Il est important d'appuyer doucement lorsque vous ombrez, pour éviter d'appliquer trop de graphite, afin de pouvoir vous arrêter avant qu'il ne soit trop tard.

Vous pouvez même scanner et imprimer le résultat tel qu'il est maintenant et vous amuser à ajouter plus d'ombres, afin que vous ayez toujours votre travail original si vous n'aimez pas les modifications que vous avez apportées.

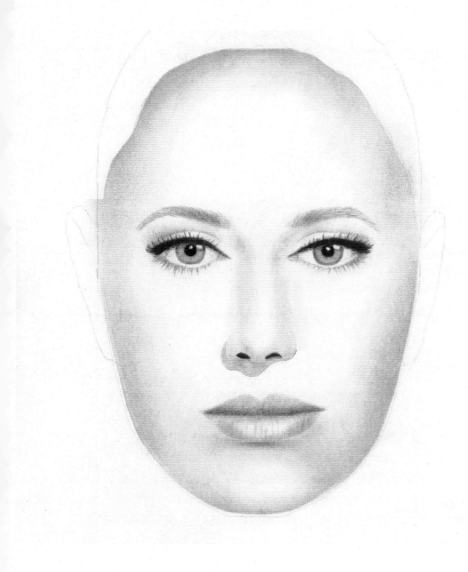

Ombrer la peau du cou

Maintenant, de la même manière que nous l'avons fait avec le visage, ou une meilleure comparaison encore serait le genre d'ombre que nous avons fait avec la tige du verre à vin, sauf que cette fois les deux côtés doivent être beaucoup plus éloignés l'un de l'autre.

Découper un morceau de papier de la forme du cou, une ligne verticale avec une légère courbe en bas.

Placez-le sur l'arrière-plan du côté droit, pour que la ligne verticale commence juste en dessous de la courbe de la mâchoire, sous l'oreille, comme si c'était la suite du contour que vous pouvez observer dans l'image suivante.

Le cou est toujours un peu plus mince que la largeur du visage et de la mâchoire. Appliquez de la poudre de graphite en appuyant fortement sur le papier découpé et le bord du cou et - comme toujours - relâchez la pression en ombrant vers le centre du cou.

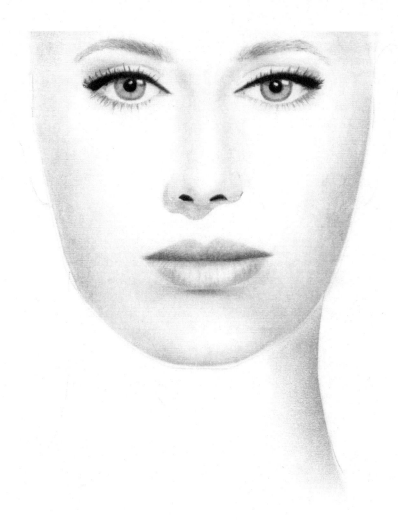

Faites la même chose sur le côté gauche du cou.

Le milieu du cou peut rester d'un blanc absolu, tout comme pour le visage, car nous voulons qu'il soit très illuminé.

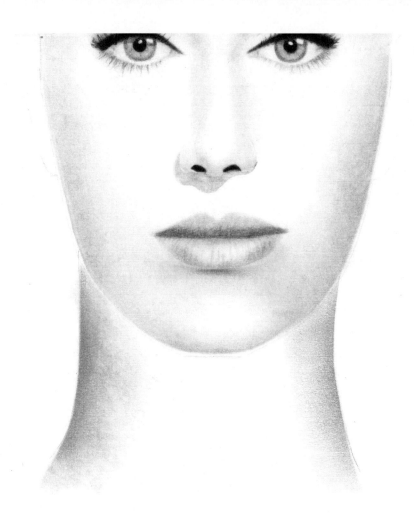

Il ne reste plus qu'une étape, créer l'ombre portée que la mâchoire projette sur le cou. Ici vous pouvez voir que nous avons pratiquement juste ombré le cou, il n'y a rien à dessiner dans ce cas ici. Si vous avez dessiné un homme, vous devez ajouter quelques poils courts ou plus longs sous la mâchoire, dans la partie supérieure du cou.

Rappelez-vous que nous avons créé l'ombre portée en dessous du nez avec des bords nets et que nous l'avons fait tomber sur la partie gauche sous le nez. Cela signifie que nous devons faire la même chose ici pour rendre le dessin réaliste. Ici aussi, découpez un morceau de papier en forme de mâchoire, que vous placerez sur la mâchoire pour ne pas l'ombrer. Laisser une petite ligne intacte tout autour de la mâchoire. Cette ligne représente la lumière réfléchie, analysez l'image suivante pour voir à quoi ça ressemble après avoir laissé de côté cette petite zone.

Décidez où sera le bord de l'ombre portée, placez le papier en dessous, sur le cou et ombrez-la avec du graphite. Dans l'image suivante, vous pouvez voir comment j'ai dessiné l'ombre en la faisant tout petite sous le menton et en la rendant de plus en plus profonde lorsque j'ai ombré vers le côté gauche du cou.

Maintenant, la lumière réfléchie autour de la mâchoire est devenue plus voyante et le cou semble être plus éloigné de l'œil du spectateur. On obtient cet effet grâce à la lumière réfléchie ainsi que l'ombre portée.

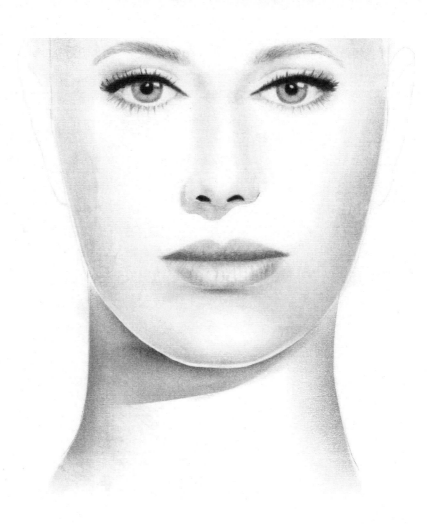

Vous pouvez voir que ce n'est pas le genre de dessin photoréaliste que je fais d'habitude, mais j'ai essayé de le rendre réalisable par un débutant absolu. Donc, si vous avez dessiné quelque chose de similaire, ou même mieux, vous êtes sur la bonne voie, continuez à créer de nouveaux portraits et à travailler vos compétences de dessin. Votre premier portrait dessiné ne doit pas nécessairement être parfait et ne laissez aucun résultat vous décourager.

Comment dessiner un portrait - partie 3: comment dessiner les cheveux

Dessiner les cheveux est la partie la plus difficile du portrait pour beaucoup de gens. Je vais vous montrer à travers les étapes suivantes que cela peut être réalisé facilement, il suffit de suivre les instructions et de faire la même chose. Je suggère d'essayer les cheveux sur une nouvelle feuille de papier, en particulier si vous êtes satisfait du visage que vous avez fait jusqu'à présent. Si le dessin les cheveux ne se passe pas comme vous le souhaitez, vous pouvez toujours recommencer.

Je veux que vous dessiniez des cheveux raides et noirs avec moi, pour voir comment faire des cheveux brillants. Les cheveux plus clairs sont différents à dessiner, et nécessitent surtout des ombres. Les cheveux noirs montreront un résultat remarquable de votre travail, n'ayez juste pas peur d'utiliser les crayons foncés. Comme dit précédemment, vous pouvez toujours jeter le dessin et en commencer un nouveau.

Le ton des cheveux est créé par des traits contrairement aux tons ombrés du visage. Ces traits doivent être tracés rapidement et fermement et doivent suivre le flux naturel des cheveux.

Je veux dessiner des cheveux avec une frange sur le front. Il peut sembler effrayant de dessiner au crayon foncé sur les zones blanches du front très éclairé, mais vous devez bien essayer si vous voulez apprendre et expérimenter vous-même. Entraînez-vous toujours à faire ces traits sur une feuille de papier séparée.

Mais commençons par du HB, pas trop foncé, et remplissons la zone de la racine des cheveux. Vous pouvez tenir votre crayon avec le pouce et l'index, en appuyant sur le crayon avec l'index afin de couvrir plus rapidement les grandes zones. Ici, vous n'avez pas à faire attention à la façon dont ces traits sont tracés car nous les couvrirons de toute façon avec un crayon plus foncé. Ceci est juste la base pour couvrir la racine des cheveux et avoir une certaine idée de l'endroit où le front devrait se trouver. C'est un échauffement avant de passer à l'action avec des crayons foncés, en quelque sorte.

Couvrez toute la zone de la racine des cheveux de cette façon, en allant jusqu'au haut des oreilles.

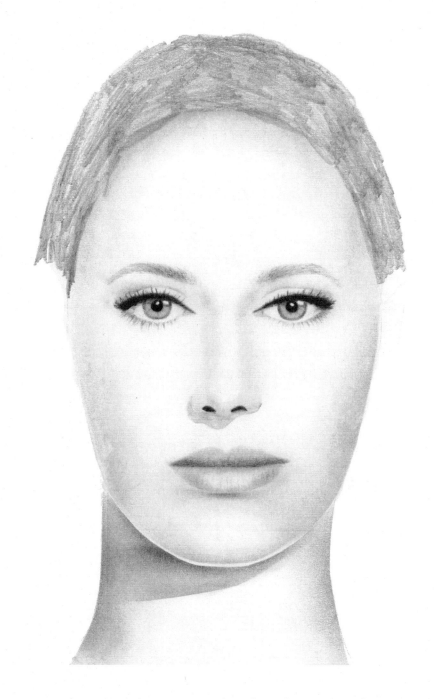

Commençons maintenant à dessiner la frange en utilisant un crayon graphite 6B ou plus foncé. La frange de cheveux raides et noirs est toujours brillante.

Pour obtenir l'effet brillant des cheveux, deux étapes sont nécessaires. Faire des traits partant des deux extrémités des cheveux vers le rehaut.

Alors, divisons l'opération en deux parties pour mieux comprendre.

Premièrement, en utilisant au moins du 6B (9B recommandé), commencez à faire des traits du haut de la tête vers le front et les côtés gauche et droit de la partie chevelue de la tête au-dessus des oreilles. Pour vous aider à mieux comprendre, j'ai placé des flèches dans l'image suivante pour vous montrer les directions que vos traits doivent prendre.

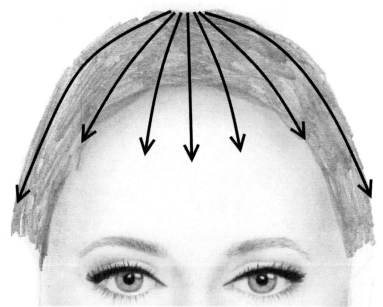

Placez la pointe du crayon 9B sur le dessus de la tête et faites rapidement des traits décisifs, en appuyant très fort sur le haut de la tête et en relâchant la pression en atteignant la fin du trait. Vous devriez faire les traits avec des longueurs différentes au lieu de les faire tous de la même longueur. Certains traits devraient aller beaucoup plus loin. Choisissez au hasard lesquels d'entre eux seront plus long. Ça aura l'air plus naturel, et pas artificiel.

Si vous comparez l'image avec les flèches et l'image suivante, vous pouvez voir comme j'ai dessiné les traits exactement comme j'ai placé les flèches. C'est pour ça que j'ai trouvé important de montrer l'exemple avec les flèches, pour une meilleure compréhension. Si vous observez des frisures brunes et raides, vous remarquerez les directions dans lesquelles les cheveux partent et vous pourrez dessiner des cheveux qui auront l'air naturels. Savoir dessiner ne se limite pas seulement à faire des traits et des ombres, il s'agit également de compétences d'observation et de mémorisation. Celles-ci sont importantes si vous souhaitez réaliser des dessins réalistes.

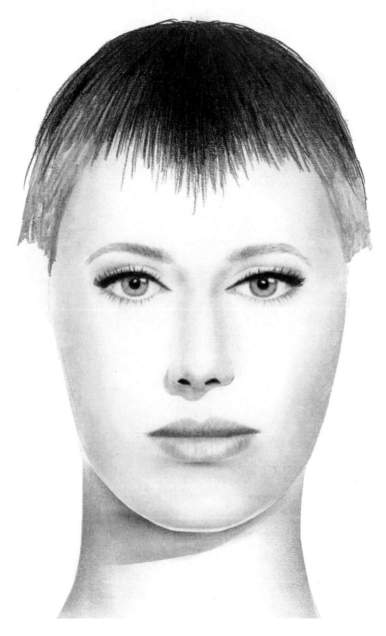

La deuxième partie de la création de la frange brillante consiste à tracer des traits commençant à l'autre extrémité des cheveux. Ici, faites de même, appuyez fort au début et relâchez la pression en atteignant la zone que vous souhaitez rehausser, au milieu du front. Ici, vous devez choisir la longueur de frange que vous voulez dessiner. Vous pouvez même commencer juste au-dessus des yeux, ou au-dessus des sourcils, ou juste comme moi, un peu plus loin des sourcils. Ici aussi, il est important de faire les traits dans la direction des cheveux, voici une image de plus avec des flèches pour vous montrer où et comment vous devez placer ces cheveux.

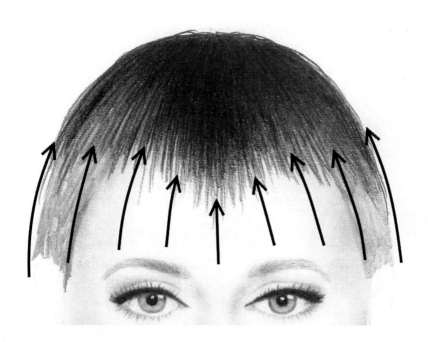

Analysez l'image précédente et tracer les traits un par un en suivant la direction de la pousse des cheveux. Cela peut être ennuyeux et long parce que les cheveux prennent souvent plus de temps que tout le visage, mais ici, vous vous entraînez à faire preuve de patience et de persévérance, pas seulement vos compétences de dessin.

Le résultat final vaut toujours le coup. Plus nous consacrerons de temps à un dessin, mieux il sera. Vous pouvez commencer par le milieu - tout comme moi - ou aller de gauche à droite, de droite à gauche, à votre guise. Aussi, à certains endroits, laissez une certaine distance, plus ou moins grande, entre les mèches de cheveux car, dans la réalité, elles ne sont pas toutes collées, ça aurait l'air faux.

Après avoir tracer les traits suivant les règles des deux images précédentes et ce que j'ai expliqué, vous devriez avoir un résultat similaire au mien dans l'image suivante.

Vous pouvez voir que j'ai dessiné les cheveux au-dessus des tempes un peu plus longs que les cheveux au milieu du front, mais c'est aussi arbitraire.

Vous pouvez faire la coupe de cheveux que vous voulez. Cependant, je recommande d'essayer plus de façons de faire et de types de cheveux pour pratiquer et pour acquérir de l'expérience en essayant différentes approches.

Aussi, essayez de rendre le rehaut sur le front un peu incurvé, ce qui signifie que les côtés gauche et droit de celui-ci devraient créer un léger arc vers le haut.

Cela donnera l'impression que la tête est ronde et le dessin sera beaucoup plus réaliste. Ainsi, ce rehaut brillant doit avoir une forme arrondie, comme indiqué dans l'image suivante.

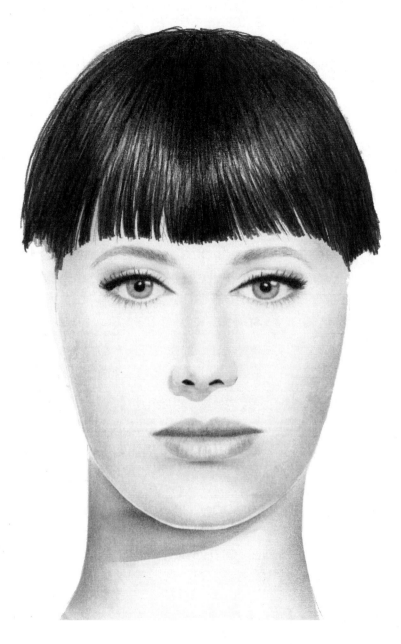

Puisque la bordure entre les cheveux et la peau est trop nette, nous devrions l'estomper un peu, et de cette façon nous créerons aussi les petites ombres portées, que les cheveux projettent sur la peau. Ces ombres portées sont toutes petites, mais nous devrions quand même les ajouter pour l'aspect réaliste. Utilisez l'estompe pour ce faire et passez aussi un peu sur les parties rehaussées de la frange.

Maintenant, vous pouvez gommer certains rehauts, pour créer des lignes brillantes avec une gomme bien affûtée. J'utilise un porte-gomme pour ça, car il me permet de faire de tout-petits cheveux nets sur les rehauts et d'ajouter encore plus de détails de cette façon. Placez toujours le bout de la gomme au milieu des rehauts et tirez-la vers l'extérieur dans le sens de croissance des cheveux. Ensuite, placez-la à nouveau sur les rehauts et dessinez dans l'autre sens, et faites comme ça tout le temps. Ainsi, des rehauts au haut de la tête, et des rehauts vers les yeux et les tempes.

Après avoir beaucoup travaillé avec la gomme et avoir fait les mouvements que j'ai décrits dans le chapitre précédent, la frange semble beaucoup plus brillante. Dessinez également des cheveux brillants aléatoirement sur les zones les plus sombres, que vous pouvez remarquer si vous observez attentivement l'image suivante. Vous pouvez même utiliser un couteau pour créer de tels cheveux, mais cela nécessite plus d'expérience et un savoir-faire avec le couteau car vous pourriez griffer le papier un peu plus et pas comme vous le souhaitez.

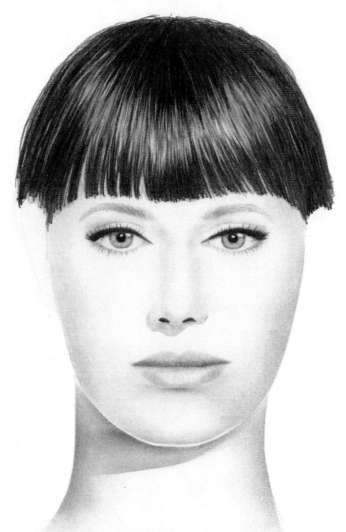

Si vous êtes satisfait de la frange, vous pouvez commencer à dessiner les cheveux tombants sur les côtés gauche et droit. Ici, j'ai complètement couvert l'oreille et j'ai commencé à dessiner les traits là où je les ai terminés quand j'ai dessiné la frange.

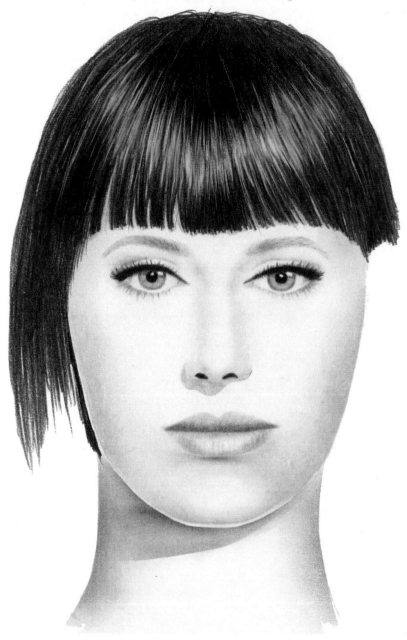

Vous devriez continuer à dessiner à partir de ces zones, les côtés tout à gauche et à droite de la frange, et appuyer fort pour couvrir leurs extrémités et rendre les cheveux impeccables.

Utilisez du 4B ou plus foncé pour ça et lorsque vous dessinez les traits vers le bas, relâchez la pression quelque part au milieu. Ici, nous voulons créer le même effet brillant que nous avons fait avec la frange, la méthode est donc la même. Dessinez vers les rehauts à partir des deux côtés. Décrivez soigneusement le côté du visage en utilisant le même crayon foncé.

Tracez les traits en commençant à l'autre extrémité des cheveux - où vous voulez qu'ils soient - en utilisant le même crayon 4B ou plus foncé, et en relâchant encore la pression près du rehaut au milieu.

Vous pouvez faire plus de cheveux, certains peuvent se courber vers l'extérieur, d'autres vers le cou, d'autres peuvent être cachés sous le reste des cheveux ou du cou.

Regardez l'image suivante pour voir comment j'ai fait les cheveux se terminer différemment. Vous pouvez estomper les rehauts et faire apparaître des cheveux rehaussés comme nous l'avons fait avec la frange. J'ai laissé cette zone comme ça.

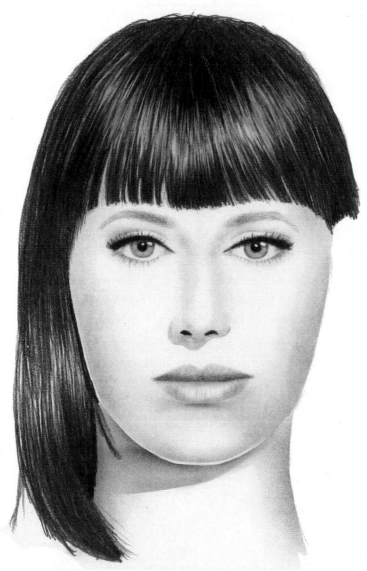

Dessinez quelques cheveux au hasard avec un HB bien taillé sur tout le cou et même le visage car il y a toujours des cheveux qui dépassent. Sur le côté droit du visage, je veux que les cheveux passent derrière l'oreille, afin que vous puissiez également apprendre à ombrer l'oreille. Ici aussi, découpez un morceau de papier que vous placerez tout autour de l'oreille et utilisez de la poudre de graphite claire pour ombrer les bords de l'oreille. C'est suffisant pour l'oreille. Dessinez quelques cheveux courts au hasard sur l'oreille pour donner un air plus naturel.

Vous pouvez faire le contour de l'oreille en utilisant du 4B ou plus foncé et dessiner les cheveux qui passent derrière l'oreille. Comme à gauche, nous devons répéter la même chose ici. C'est-à-dire commencer par les cheveux que nous avons faits lors du dessin de la frange et dessiner des traits droits vers la moitié de la longueur des cheveux. Là, il faut relâcher la pression avant de lever le crayon. Dessinez soigneusement à côté de la peau de l'oreille, du visage et du cou car le crayon foncé ne peut pas être complètement effacé.

Tout comme pour le côté gauche, faites la même chose à droite. Décidez où vous voulez que vos cheveux se terminent et comment vous voudriez qu'ils se plient et commencez à dessiner destraits du bas vers les rehauts.

Relâchez la pression avant ou sur les rehauts, chaque trait devrait avoir une longueur différente, certains devraient se terminer bien avant le rehaut, d'autres au milieu et certains devraient s'étendre sur la partie supérieure et près de l'oreille. De cette façon, les cheveux auront l'air brillants et naturels. Vous pouvez estomper les rehauts avec l'estompe et gommer certains des cheveux rehaussés (comme nous l'avons fait avec la frange) si vous voulez.

Comment dessiner un chat

Dessinons un chat réaliste grâce à notre imagination en utilisant la méthode et les mesures que j'ai découvertes. Les mesures du chat que j'ai dessiné pour ce tutoriel sont approximativement valables pour tous les types de chats, à l'exception des races rares avec de grandes oreilles et de gros nez plats.

Dans un premier temps, dessinez un triangle équilatéral au milieu d'une feuille A4, ou plus petit car nous ne dessinerons que la tête. Ce triangle équilatéral a trois côtés égaux et trois angles égaux. C'est là que vous décidez quelle sera la taille du chat. Je recommande de le dessiner d'environ 5 cm (~2 pouces) de côté.

Si vous n'arrivez pas à créer un triangle à côtés égaux, tracez d'abord un trait horizontal. Utilisez un crayon graphite HB et appuyez légèrement pour que les traits puissent être effacés sans laisser de trace. Si vous appuyez fort, vous laisserez des "canaux" en relief qui resteront visibles à la fin de votre dessin. Ensuite, mesurez la longueur de ce trait avec un compas et en gardant la pointe à gauche puis à droite du trait et marquez l'intersection. Les extrémités se rencontreront exactement au milieu du trait horizontal.

Dans l'image suivante, vous pouvez voir mon triangle. C'est tout ce dont nous avons besoin pour la toute première étape.

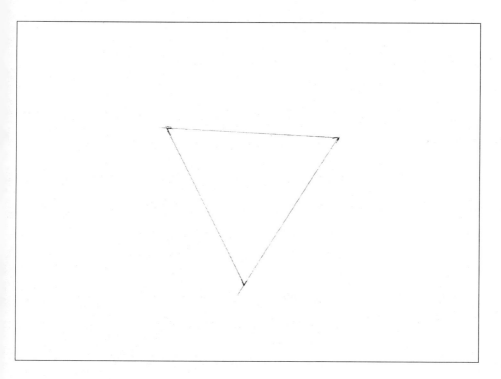

Divisez maintenant le trait horizontal en trois sections verticales égales en traçant deux lignes verticales comme indiqué dans l'image suivante. N'appuyez pas trop fort car vous devrez effacer ces lignes.

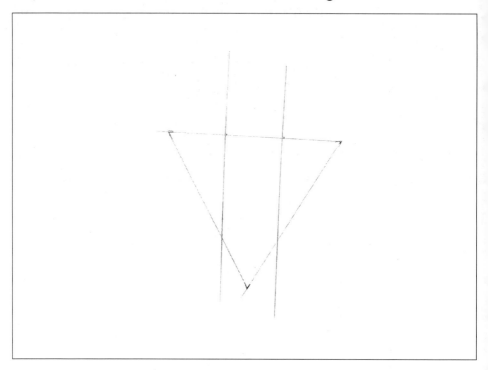

La largeur d'un œil tiendra dans une section, ce qui signifie que vous pouvez dessiner deux yeux dans les angles du triangle avec de l'espace pour la largeur d'un troisième œil entre eux. J'ai dessiné un troisième œil dans l'image suivante, mais je l'effacerai avant de continuer. Je veux juste vous montrer ce que je veux dire pour que vous compreniez l'espacement. Vous avez pu voir et faire la même chose avec le cas du portrait humain dans le tutoriel précédent. Entre deux yeux, il y a un espace pour la largeur d'un œil.

Vous devez décider de la largeur des pupilles de votre chat. Si un chat est excité ou s'il fait nuit, ses pupilles seront presque aussi grandes que ses iris, donc les iris seront à peine visibles. Si un chat est dans la lumière directe du soleil, absolument détendu ou ronronnant, vous ne pouvez voir qu'une minuscule ligne verticale au milieu.

J'ai choisi la largeur normale, que vous verriez quand un chat est dans son environnement habituel.

Tracez également le contour des zones pour les reflets de la lumière et les ombres sous les paupières supérieures. Restez à cette étape jusqu'à ce que vous ayez complètement dessiné les yeux et qu'ils ressemblent aux miens.

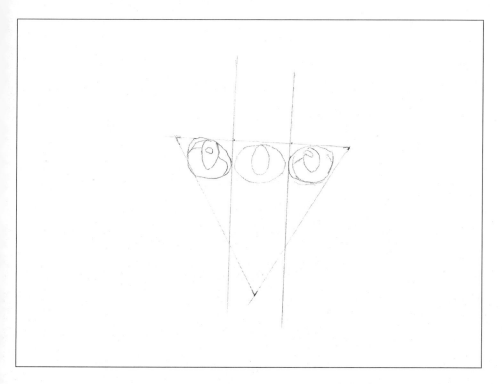

Avant d'effacer les deux lignes verticales, vous devez déterminer la position de la bouche du chat. La largeur de l'œil (marquée D) a la même largeur que la largeur de la bouche. La ligne de la bouche forme un triangle équilatéral dans l'angle inférieur du triangle. Vous pouvez voir ce que je veux dire et ce que ça devrait donner.

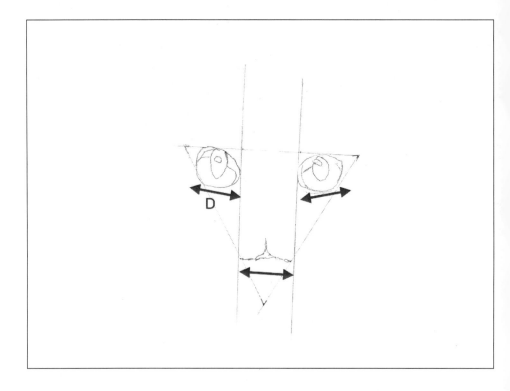

Maintenant, vous pouvez effacer les deux lignes verticales. Ensuite, marquez un point exactement au milieu du triangle. Ne le faites pas trop foncé, dans mon image le point est assombri sur ordinateur pour une meilleure visibilité, mais vous devriez faire un point clair avec du HB en appuyant doucement.

Le bas du nez doit être placé quelque part entre le point et la bouche. J'ai placé une ligne pointillée à l'ordinateur pour vous montrer où je veux dessiner le bas du nez. La peau du nez doit être dessinée juste dessous le point rouge.

La largeur du nez doit être à peu près la même que sa hauteur. Si vous ne savez pas exactement à quoi ressemble le nez d'un chat, vous pouvez aller voir sur n'importe quelle photo de chat ou copier mon contour.

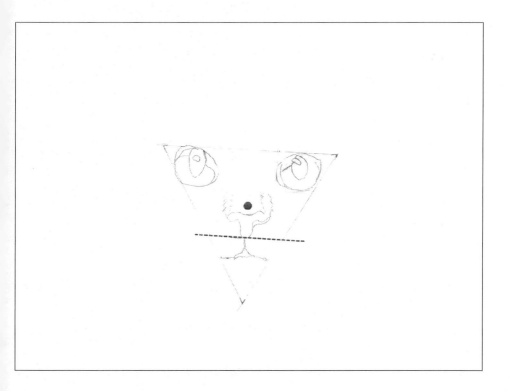

Prenez la mesure du point au milieu du triangle vers l'un des angles. Dans l'image, je l'ai marquée avec une ligne fléchée (C). Commencez à tracer le contour du haut de la tête du chat, une ligne C au dessus du haut de notre triangle. En utilisant la même mesure de la ligne C, dessinez les oreilles à un angle du triangle, où j'ai placé deux flèches.

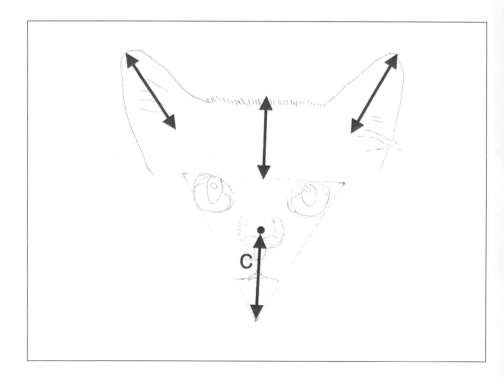

Utilisez la largeur de l'œil, que nous avons marquée par une flèche D dans l'une des étapes précédentes, pour déterminer la position des deux côtés du museau, comme indiqué dans l'image suivante. Dessinez des petits points pour les racines des moustaches dans les endroits où elles se trouvent habituellement. Allez voir des photos de référence en cas de doute.

Effacez le triangle et ajoutez plus de détails, tels que l'emplacement des ombres ou des rehauts. Ici, vous devez décider quelle quantité de la poitrine du chat vous allez faire apparaître.

Réfléchissez à tous ces détails préliminaires maintenant pour qu'il soit plus facile de remplir les détails plus tard. L'image suivante montre mon croquis final.

Dans un premier temps, remplissez les pupilles et renforcez les contours tout autour des yeux pour créer une paupière noire épaisse. Laissez la couleur blanche du papier pour les reflets de la lumière. En utilisant le même crayon le plus foncé, renforcez les narines et l'ombre sous son nez. Aussi, marquez le pelage noir autour de ses lèvres. Analysez l'image suivante pour voir toutes les zones que j'ai remplies de noir.

Si les zones les plus foncées semblent bonnes et à leur place, le reste du dessin aura plus de chances d'être réussi. Donc, en utilisant du 4B ou plus foncé, marquez les zones pour les pupilles, les narines et sous le nez, la bouche et les poils noirs qui commencent à côté des yeux et continuent vers l'extérieur. Vous n'avez pas à faire les mêmes motifs que moi, vous pouvez dessiner les valeurs du pelage différemment.

Ensuite, créez l'ombre portée sur les iris.

Assombrissez la zone sous la paupière supérieure pour donner de la profondeur aux yeux. Utilisez un crayon HB pour ces zones.

Maintenant, vous pouvez remplir le reste des iris en utilisant un crayon beaucoup plus clair, tel que 2H ou plus clair, ou même l'estompe. Assurez-vous d'avoir le bord entre le ton de base de l'iris et l'ombre projetée sur sa zone supérieure nette et clairement visible.

À la fin, faites les rehauts délicatement où vous voulez, peu importe où vous les créez, mais il est important de les placer au même endroit dans les deux yeux. Vous pouvez voir dans l'image suivante où j'ai rehaussé l'iris et faites la même chose si vous aimez.

Commencez à tracer les rayures foncées sur le front du chat. Si vous n'êtes pas habitués au pelage d'un chat, allez voir quelques photos pour en apprendre davantage sur la direction de pousse des poils. Si vous avez un chat ou un chien, vous pouvez apprendre ça en faisant attention à leurs poils quand vous les caressez. J'essaie de dessiner un chat domestique habituel avec des rayures et des motifs bien connus.

Vous pouvez dessiner un pelage de chat à un ton ou un chat bicolore, selon votre choix, en utilisant la même méthode que celle décrite dans ce tutoriel. Les principales caractéristiques du visage peuvent être créées avec cette méthode, et ensuite vous pouvez faire ce que vous voulez.

Si vous suivez mon travail sur les réseaux sociaux, ou si vous avez acheté certains de mes autres manuels de dessin, vous pouvez voir que j'ai réalisé le chat au crayon de couleur, en le dessinant avec cette "méthode triangle" avant de commencer à appliquer les couleurs . J'ai utilisé du 2B pour ces rayures.

Maintenant, vous pouvez ombrer tout le visage sauf son museau et ses yeux en utilisant du coton et de la poudre de graphite.

Le point que vous avez placé au milieu du visage, même si vous l'avez déjà effacé, vous vous rappelez probablement où il était, utilisez donc ce point de départ imaginaire pour dessiner tous les poils de son visage. Tous les poils de chat poussent à partir de ce point, et c'est comme ça que vous devez les dessiner. Si vous avez un chat ou un chien, vous l'avez probablement déjà remarqué lorsque vous les caressez.

Continuez à ombrer le reste du visage avec un mouchoir et de la poudre de graphite.

Vous pouvez faire des mouvements circulaires pour créer un ton uniforme, mais ici ce n'est pas nécessairement important car nous allons ajouter des poils et des rehauts. La zone où poussent les moustaches devrait rester blanche.

Dans l'image suivante, vous pouvez voir ce que ça donne après l'ajout des ombres de base. J'ai éliminé la noirceur des rayures en les estompant, mais elles peuvent être assombries de nouveau à tout moment. C'est une bonne chose parce que j'ai estompé le bord des rayures de cette façon.

Dans cette étape, créez les poils rehaussés en utilisant une gomme bien taillée ou la pointe de votre gomme mie de pain. Faites des mouvements courts et rapides et faites attention à la direction de pousse des poils, en partant du point imaginaire au milieu, vers l'extérieur. Les poils du nez doivent être très courts et plus longs en s'éloignant du nez. Ils sont les plus longs à l'intérieur des oreilles, alors n'oubliez pas de les faire aussi dans les oreilles.

Maintenant, vous pouvez ombrer les deux côtés du nez jusqu'au front en utilisant du HB et les estomper avec l'estompe. Faites des dégradés parfaits au fur et à mesure que vous ombrez vers le milieu du nez. Comparez l'image précédente et suivante pour voir la différence et ce que j'ai exactement ombré.

Aussi, ombrez autour du pelage blanc qui pousse autour de ses yeux. Ajoutez des poils minuscules tout autour de la paupière noire (à côté des poils blancs) que vous avez marqués au tout début.

Finissons maintenant les oreilles en ajoutant les

ombres. Utilisez du B et du HB et dessinez entre les rehauts précédemment obtenus en gommant. Cette étape rendra les poils rehaussés dans les oreilles encore plus voyants. Utilisez une estompe pour estomper ces zones sombres.

Maintenant, vous pouvez finir le visage du chat en ombrant autour du museau. Comme mentionné, le milieu du museau, autour de la bouche devrait rester blanc.

Dessinez des poils au ton moyen des deux côtés du visage et dessinez-les également entre les poils rehaussés au gommage.

Pour finir, créez l'ombre projetée sous le menton en utilisant du HB et une estompe. Vous pouvez ajouter autant de détails que vous le voulez ou laisser comme ça. Vous pouvez également reprendre ce résultat après quelques semaines ou mois, après avoir gagné en expérience et le peaufiner, ou en dessiner un nouveau, et comparer les deux pour voir à quel point vous vous êtes amélioré.

Dessinez les moustaches à l'aide du crayon B.

Épilogue

J'espére que vous avez suivi mes instructions, que vous avez apprécié ces tutoriels et que vous êtes contents de ce que vous avez créé jusqu'à présent. J'espère aussi que vous êtes tombé amoureux du dessin et que vous continuerez à vous entraîner. Si vous continuez à dessiner, d'excellents résultats et émotions restent à venir.

N'hésitez pas à me contacter sur les réseaux sociaux, sur mon site web www.jasminasusak.com, ou par e-mail jasminasusak00@gmail.com, et à poser vos questions, à partager vos impressions sur ce livre avec moi et à me montrer vos dessins. J'ai hâte de voir vos résultats!

Galerie d'inspiration

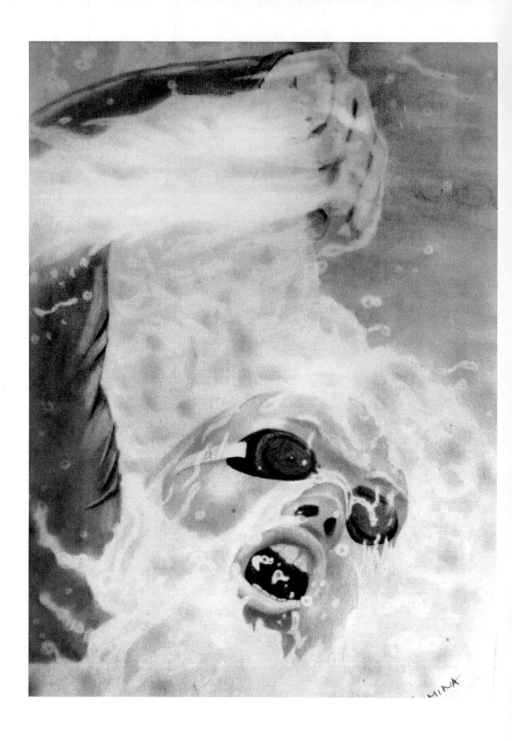

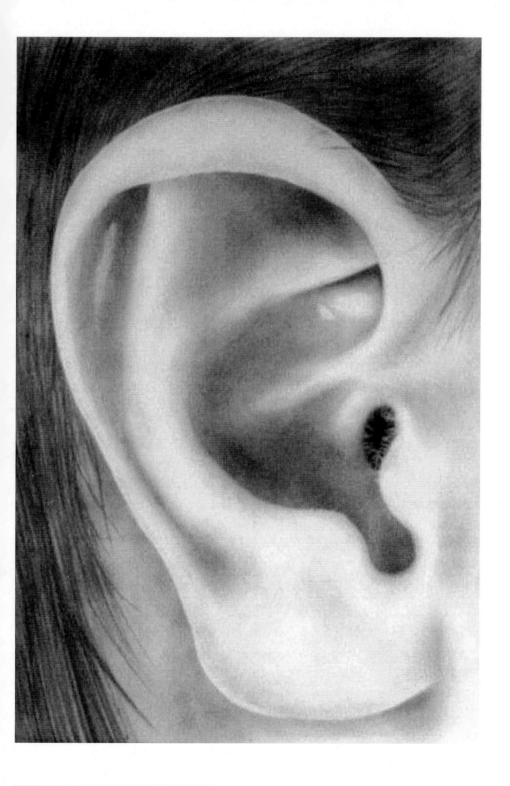

Manufactured by Amazon.ca
Acheson, AB